자유

지은이 감사의 글
2007년 겨울 학기에 자유의 문제를 주제로 한 강의와 세미나에 참여하여 중요한 자극을 준 학생들에게 감사 드린다. 또 원고를 읽고 건설적인 비판을 해준 남편 폴커 게르하르트에게도 진심으로 고마움을 전한다.

자유
유럽 정신사의 기본 개념 6

지은이 비르기트 레키 | 옮긴이 조규희 | 처음 찍은 날 2014년 12월 24일 | 처음 펴낸 날 2014년 12월 31일 | 펴낸곳 이론과실천 | 펴낸이 김인미 | 등록 제10-1291호 | 주소 (121-842) 서울시 마포구 잔다리로 71 (서교동, 아내뜨빌딩) 503호 | 전화 02-714-9800 | 팩스 02-702-6655

Freiheit (Grundbegriffe der europäischen Geistesgeschichte, 10 vol)
Birgit Recki, edited by Konrad Paul Liessmann

ISBN 978-89-313-6060-8 04160
978-89-313-6054-7 (전10권)

*값 9,800원
*잘못된 책은 바꿔 드립니다.

유럽 정신사의 기본 개념
06

자유

Freiheit

콘라트 파울 리스만 편저
비르기트 레키 지음 | 조규희 옮김

이론과실천

일러두기

1. 각각의 인용문 뒤에는 원저에 관한 정보가 있다. 예) (플라톤 1991a, 202) 맨 뒤 참고 문헌에서 괄호 안의 저자와 해당 연도를 찾으면 자세한 책 정보를 확인할 수 있다.
2. 단어에 대한 이해를 돕고자 설명이 필요한 곳에 * 표기를 하고 옮긴이 주를 두었다.

차례

왜 자유인가?

"…… 자유가 없으면 인간은 자신을 올바로 이해할 수 없기 때문이다." 9

자유의 프로필

제1장 자유에 대한 논박: 신학적, 사회학적, 심리학적, 신경학적 결정론 27

제2장 결정론과 자유의 통합가능성: 칸트와 양립가능주의 73

제3장 자유의 개념: 요소, 단계, 구상 99

제4장 자유의 여러 차원: 문화, 정치, 예술 123

제5장 자유의 현실: 실용주의적 결론 149

부록

참고 문헌 154

인명 색인 165

왜 자유인가?

"…… 자유가 없으면 인간은 자신을 올바로 이해할 수 없기 때문이다."

●

"…… 자유가 없으면 인간은 자신을 올바로 이해할 수 없기 때문이다."

우리는 칸트의 말을 인용하여(1788, 110쪽) 위와 같이 대답할 수 있을 것이다. '자유'란 인간의 자기이해의 토대를 이루는 개념이기 때문이다. 여기서 자기이해란 인간이 생각하고 행동하고 나아가 무언가를 창조하며 감정으로 느끼는 활동을 의미한다. 만일 자유가 없다면 인간의 고유한 행위와 성취, 개인적 좌절 또는 과실, 공로와 패배 등에 대해 이야기할 수 없을 것이다. *이론-실천-생성*, 즉 생각하고, 의사소통 및 생산 활동을 하는 인간 고유의 성취는 모두 우리가 자유롭다는 가정에 근거한다. 그것은 무엇보다 우리가 타자에 의해 강요받지 않고 자신의 통찰에 따를 수 있다는 것을 의미한다. 자유란 타인의 의지로부터 독립된 상태를 말하며, 이로부터 개인의 자발성과 자율성이 펼쳐질 수 있다.

자유란 단지 개인적인 삶의 영위뿐 아니라, 정치적 참여 및 대표라는 제도의 틀 내에서도 의지와 행위의 자유로 표현된다. 그것은 도덕적, 정치적 자기결정의 조건이다. 권위적인 억압의 갖은 요구에 대항하여 자유는 개인과 민족의 독립성의 근거가 된다. 신체 이동의 자유의 저지, 발전가능성의 단절, 배우자나 직업 선택의 강요 혹은 여행이나 의사표현 자유의 제한 및 정치적 참여 금지를 우리가 어떻게 느끼고 평가할지를 생각해본다면 사태는 분명해진다. 이 경우 우리는 자유란 마치 '예', '아니오'라고 말할 수 있는 능력과 마찬가지로 우리에게 속하는 요구라는 것을 알게 된다. 자유가 없는 의지와 행위는 불가능하다.

단순히 환상일 뿐일까?

하지만 자유의 목록을 들여다보면 자기이해가 논란의 여지 없이 자명하지는 않다는 것이 드러난다. 자유가 모든 계몽 프로그램에 필수적이라고 주장할수록, 계몽이라는 동기를 근거로 자유를 논박하고자 하는 요구 역시 강력하게 대두된다. 물리주의적인 혹은 이데올로기 비판적인 입장에서 자유를 환상으로 간주하는 이들은 다음과 같은 점에서 인간이란 모든 관점에서 종속적인 피조물이라고 주장한다. *첫째* 인간은 기본적으로 외적인 자연과 자신의 고유한 본성이라는 조건에 의해 규정된다. 즉 인간은 자연적인 요소들이 외부에서 조정하는 작동시스템이라는 것이다. *둘째* 인간은 사회적 관계의 총체이며 그 안에서 철저하게 조작의 대상이라는 것이다. 간단히 말해 인간은 "보편성의 여러 경향이 교차하는 교류의 매듭점"(아도르노/호르크하이머 1947)이라는 것이다. *셋째* 인간의 여러 동기란 외부에 의해 결정된다는 주장이 있다. 이 관점에서 보면 행위와 의지는 어떤 경우든 일관된 인과관계에 끼워 맞춰져 있는 것으로 보인다.

몇십 년 전부터 자유 요구를 둘러싼 공적인 논쟁에서 재차 그 강도를 더해가며 등장하는 주장이 있는데, 이는 생명과학, 특히 뇌 연구를 통해 밝혀진 새로운 결과에 바탕을 두고 있다. 이 논쟁은 벤자민 리벳의 인지실험으로 촉발되었다.(이 책 1장, 61쪽 이하 참조) 신경과학자들은 이렇게 정리한다. 뇌는 의지나 결정 같은 것이 의식되기 전에 이미 "행위"한다는 것이다. 이 같은 파급력 강한 결론을 이끌어낸 장본인은 벤자민 리벳 자신이 아니라, 몇몇 그의 동료들이었다. 프랑크푸르트의 뇌 연구학자 볼프 싱어(가이어 2004)가 표현했듯이, 우리의 행위를 결정하는 것은 "우리 뇌에서의 결합"이라는 것이다. 결국 우리는 뇌의 활동과정에 의해 결정된다는 것이다. 그렇다면 유일한 결론은 자유를 환상이라고 이해하는 길밖에 없는 것으로 보인다.

이상의 설명을 통해 우리는 자유를 둘러싼 현재 논의의 출발점이 어디인가를 살펴보았다. 20세기 어떤 작가는 자기 소설의 인물을 빌려 우리가 "실제로는 내장이 가득 찬 직립 보따리"(업다이크 1956, 131쪽)가 아닌지 고민했다. 여기서 우리는 '인간은 결코 생리학으로 환원될 수 없다'라는 정신적 차원의 자기이해를 위한 최소한의 노력을 진부한 말로 느끼게 된다. 정말 인간은 생리학으로 환원될 수 없는 것일까? 만일 환원주의적 논거가 보다 고차원의 장기나 디지털 신경체계DNS와 관련된 것이라면 이러한 주장은 많은 이들에게 훨씬 무겁게 다가올 것이다. 현대 뇌 연구의 결과와 그 주역

들 중 가장 극단적인 이들의 주장처럼 우리가 뇌를 가지고 있기에 자유의지를 박탈해야 한다면 동시대인 중 어른들도 당황할 수밖에 없다. 이는 전 세계에 확산된 소프트웨어를 조작하여 우리가 결국은 전면적으로 조작되고 있다는 사실을 암시하는 컬트 영화 〈매트릭스〉를 본 청소년 관객들이 이 신화적인 가상의 모반에 직면해서 느끼는 당혹함과 유사할 것이다.

인격체로서 우리는 우리의 행동 여부에 대한 책임을 질 수밖에 없다고 생각한다. 우리의 상식적인 직관에 따르면 이것은 자유를 상정하지 않으면 불가능한 것이다. 우리가 우리 자신과 타인에게 내세우는 합리적인 요구들이 이러한 가정 없이도 유지될 수 있는가? 자유를 상정하지 않고서는 우리의 자기이해에 중요한 어떤 요구도 유지될 수 없을 것이다. 하지만 자유를 가정하는 것에 대한 반론을 마치 귀찮은 파리처럼 단순히 손사래로 물리칠 수 없다는 점도 분명하다.

우리가 스스로 결정한 의미 있는 실천에 대한 요구를 포함해, 우리 자신을 포기하려 하지 않는다면, 우리는 이러한 반론을 무력화시킬 수 있다는 믿음을 갖고, 최선을 다해 자연과 사회 전체 속에서 자유의 자리를 마련해야 한다. 인간이 자연과 사회 과정에 결속되어 있다는 것은 부정할 수 없다. 우리는 이 사실을 깨닫고 인정해야 한다. 우리는 뇌 연구가들이 자유란 환상 혹은 단순히 좋은 감정일 뿐이라고 제시하는 논거 중 어떤 것이 유효한지 알아야 한다. 그렇지만 똑같이 이런 질문 역시 제기해야 한다. 대체 자유의 투사들과 자유사상가들이 자유란 사회적으로 아무런 제약을 받지 않으며, 물리적인 자연법칙으로부터의 독립을 의미하며, 심지어 뇌 활동의 성취를 포기하는 것이 원칙적으로 가능하다는 주장을 한 적이 있기는 한가?

우리가 자유라고 부르는 것은 무엇인가?

자유가 무엇인지는 결코 저절로 알 수 있는 것은 아니다. 자유라는 말로 전적으로 상이한 여러 가지를 이해할 수 있다는 점에서도 그렇다. 대학교수인 내가 내 강의 시간에는 친구들과 만날 수 없으며, 외부 학자의 강연도 들을 수 없고 또 동료들과 약속도 잡을 수 없다는 것이 내 자유의 제한, 혹은 자유를 가정하는 것에 대한 반론이 될 수 있을까? 내 직업상의 생활조건으로부터 발생하는 의무가 내 부자유의 표현일까? 이혼한 다음에 어떤 사람이, "드디어 다시 자유다"라고 외친다면 이는 단순한 말투 이상을 의미하는가? 결혼생활 내내 그는 자유로운 인간이 아니었을까? 그리고 다행인지 불행인지는 차치하고라도 내가 애정관계에서 평생 외도하지 않겠다고 맹세하고, 위기의 순간에 이 맹세에 묶여 있다고 생각한다면, 나는 자유로운 것이 아닌가? 내가 협박을 받아, 원치 않는 일을 하고, 혹은 원하는 일을 하지 못하면 나는 자유로운 것이 아닌가? 중력이라는 물리법칙은 내가 왜 높은 담을 걸어서 오를 수 없는지를 분명히 말해주고 있다. 그렇기 때문에 내 자신이 부자유 상태에 있다고 해도 되는 것일까? 내가 단골 음식점에 가서 늘 먹던 음식을 시키고, 메뉴를 바꿀 생각을 전혀 하지 않는다면, 이것이 의지의 자유가 환상이라는 표시라도 되는가?

누구나 자유의 개념을 곰곰이 생각하고, 이를 보다 세분화하려 한다면 많은 다른 예들이 떠오를 것이다. 자유라는 것이 내 삶의 매 시점에 완전히 새롭고 달라질 수 있는 능력에 달려 있는가, 아니면 충분히 숙고한 끝에 자신이 원하는 사람으로 남아 있는 것을 말하는가? 그것은 전적으로 자의적인 나의 선택을 말하는가, 아니면 자유롭기 위해서는 내가 다른 식으로 행동할 수 있는 것으로 충분한가? 만일 내 의도가 외적인 방해에 부딪히면, 내 자유도 끝난 것일까? 외적인 방해물과 마찬가지로 유사한 극적인 제약을 야기하는, 자유의 내적인 방해물도 있는가? 이에 대해서는 3장에서 다양한 방식으로 자세히 살펴볼 것이며, 이를 통해 우리는 앞의 예들이 제시하는 질문에 대해 다음과 같은 확실한 답변을 들려줄 것이다. "근본적으로 자유를 상정하는 데 있어 앞의 예들은 전혀 진지한 반론이 되지 못한다."

사유의 자유

"생각은 자유다." 19세기 말 이후부터 『독일 노래집』에 수록되어 있는 유명한 민요의 한 구절이다. 이미 셰익스피어가 『폭풍』(III, 22쪽)에서 "Thought is free(생각은 자유다)"라는 문장을 남겼다. 이 말이 기술하는 의미는 다음과 같다. 사유란 같은 동료에 의하든 아니면 '공

권력'이든, 타자에 의한 강압적인 외적인 통제와 제재를 받지 않는 것을 말한다. 통제 수단을 가진 어떤 이가 말을 끊거나, 말을 못하게 하여 침묵을 강요하는 등 나의 실제적인 행위가능성을 제한할 수는 있지만, 내가 무엇을 생각하는지에 대해 관여할 수는 없다. 다만 그것은 내 안에서 진행되고 있는 것이 '사유思惟'라는 개념에 값한다는 것을 전제로 한 것이다. 하지만 자기 스스로 이것은 사유라고 할 수 있는 것에 대해 권한을 가지고 그 자립성을 요구하는 것이 얼마나 논란의 소지가 있는지는 20세기의 경험이 잘 보여주고 있다. 전체주의 정권에서의 세뇌 형태를 띤 선동적 여론 조작, 마약중독에 따른 금치산 상태 그리고 미디어를 통해 소망을 조작하는 일련의 행태들을 예로 들 수 있다.

실러의 희극 『돈 카를로스』(III, 10쪽)에서 마르퀴스 포사는 스페인 왕에게 "생각의 자유를 주십시오!"라고 요구한다. 여기서 말하는 자유 개념이란 일종의 역설인가? 앞에서 살펴보았듯이 이미 주어진 것을 어떻게 권력으로부터 요구할 수 있는가? 대체 사유란 것이 자유로운 것일까, 아니면 그렇지 않은가? 만일 자유롭다면, 지배자에게 자유를 '달라고' 호소하는 것은 의미 없는 짓이다. 반대로 만일 사유가 자유롭지 않은 것이라면, 다른 누군가가 우리에게 생각의 자유를 '선사'함으로써 그것이 자유로워지는 것인지 매우 의심스럽다. 결국 사유란 각자가 스스로 만들어야 하는 것이다. 사유의 자기활동성을 다른 사람이 우리에게 허락해줄 때까지 얌전하게 기다리는 것이라고 한다면, 그것은 냉소적으로나 할 수 있는 생각이다. 실러의 희극에서 마르퀴스 포사가 '생각의 자유'라는 말로 의도한 것은 당연히 자신의 생각을 검열 받지 않고 말할 수 있는 권리를 말한다. 그러니까 그것은 단순히 생각한다는 차원을 넘어서는 어떤 것이다. "생각의 자유를 주십시오"라는 말은 자유롭게 의견을 개진할 수 있는 권리를 달라는 말이다.

의지의 자유와 행위의 자유

과거와 현재의 많은 자유사상가들이 중요시 하는 것은 의지의 자유와 행동의 자유의 구분이다. 비록 많은 경우 그 대상이 불명확하지만 말이다. 이 구분은 무엇을 말하는가? 왜 그것이 그렇게 중요한가?

일상생활과 정치적 일상에서 우리가 행위의 자유라고 부르는 것은 그 근거와 지향점, 제한과 가능성 혹은 불가능성을 다루는 *철학적 논의에서는* 개인 행위의 실제적인 수행과정에서 드러나듯이 *의지의 자유*를 말하는 것이다. 우리는 타자의 폭력적인 제한과 외부의 강제가 내게 영향을 미치지 않고, 나의 요구를 관철하는 것을 방해하지 않으며, 자연법칙이 내외적인 결정론을 통해 내 행위를 강요하지 않는 한에 있어서 자신이 자유롭다고 할 수 있다. 즉 내가 내 자신의 행위를 스스로 결정할 때, 나는 자유로운 것이다. 앞의 문장에서 '……하지 않는 한에 있어서'라는 조건절로 제한한 것이 이미 행위의 자유와 의지의 자유 사이의 차이를 표현하고 있다. 나는 뇌 생리학자나 사회학자들의 반론에 진지하게 대응하여, 내

의견을 성공적으로 관철시킴으로써 계속해서 분명한 근거를 제시하며 내 의지의 자유를 출발점으로 삼을 수 있다. 자신의 통찰과 동기를 통해 자기 스스로를 결정한다는 나의 근본적인 능력은 명백하다고 할 수 있다. 하지만 그것이 이론의 여지가 없다 하더라도 내가 자신의 통찰과 동기를 행위로 옮길 수 없는 상황이 있을 수 있다. 예를 들어 내가 들어가려는 문을 누군가 잠가놓은 경우다. 감금된 자는 '발이 자유롭지' 못하다는 표현은 금고형을 통해 시민의 자유를 상실한 상태를 제대로 보여주는 좋은 비유다. 그것은 *자기가 가고자 하는 곳으로 갈 자유*가 없는 상태다. 이자는 자기가 원하는 대로 세상에서, 즉 일반인들 사이에서 움직일 수 없다.

이것은 자유를 단순한 환상이라고 논박하며, 과학적 물리학자 대표들이 말하는 자유의 제한과는 다른 종류의 것이다. 스스로 통찰적 사고를 통해 자신의 여러 동기들을 명확히 인식하여, 그중 적절한 근거를 댈 수 있는 동기에 우선권을 주는 능력으로 이해되는 의지의 자유는 문을 폐쇄하거나 징역형 등으로 자유를 외적으로 제한하는 것에 전혀 저촉 받지 않는다. 감옥의 죄수에게도 자신의 상황을 어떻게 하면 개선할 수 있는가를 숙고하는 자유가 있다. 당연히 그가 자신의 생각에 따르는 것은 자유다. 예를 들면 그는 단식 투쟁을 할 수도 있고, 탈옥을 시도할 수도 있다. 아니면 성실한 수감생활을 통해 감형 받기 위해 노력할 수도 있다. 그는 항고하거나 사면을 받기 위해 필요한 모든 조치를 취할 수도 있다. 이렇게 보면 그는 여하튼 행동의 자유와 앞에서 든 예가 잘 보여주듯이 궁극적으로는 어떤 형태든 결국 행위의 자유로 귀결되는 의지의 자유의 차이를 염두에 두고 있다.

앞에서 말한 바와 같이 우리가 의미하는 자유는 철학적 이해에 따르면 개인 행위의 실제 수행을 통해 효력을 갖게 되는 의지의 자유이다. 또한 이것이 말하는 것은 많은 경우 우리는 의지와 행위의 자유 간에 차이를 둘 필요가 없으며 오히려 반대로 이 둘 사이의 자연스러운 결합을 상정하고 있다. 즉 모든 성공적인 행위에는 의지와 행위의 자유가 일치한다. 우리가 어떤 행위의 실행에 대해 진지하게 자유를 부여하면, 의지의 자유가 그 안에서 실현된 것이다. 하지만 그 역은 성립하지 않는다. 즉 의지의 자유가 있다고 해서, 행위의 자유가 결코 보장되는 것은 아니다. 왜냐하면 의지는 자유로울 수 있지만, 이때 행위가 외적인 장애에 의해 방해될 수 있기 때문이다. 일단 잠정적으로 이 관계를 이렇게 정리할 수 있겠다. 의지의 자유는 행위의 자유를 위한 필요조건이지만 충분조건은 아니다. 그리고 이 관계규정에 왜 의지의 자유가 본래의 문제인지에 대한 중요한 지적이 담겨 있다.(이 책 3장, 102쪽 이하 참조)

의지의 자유에 대한 고전적인 입장(들)

앞에서 개략적으로 살펴본 자유에 대한 이해는 현재 진행되고 있는 논쟁의 몇 장면을 보여주고 있다. 이 드라마의 주인공은 세 명이다. 우선 자연법칙의 관련성에 의해 모든 것이 빈틈없이 결정되어 있다고 확신하여, 자유를 논박하고 있는 *결정론자Determinist*가 있다. 두 번째 주인공은 자유와 결정론을 똑같이 주어진 것으로 보고 이 양자가 일치될 수 있다고 보는 *관점 이원론자Perspektiven-Dualist*이다. 마지막으로 자유와 자연법칙성이 통합가능하며 자유 역시 자연의 구성요소라고 옹호하는 *통합주의자Integrationist*이다.

세 주인공을 나타내는 개념으로 제안된 삼분법을 통해 논쟁의 입지가 상당히 단순해졌다. 논쟁에서는 의지의 자유와 자연결정의 통합가능성을 염두에 두고 '양립가능주의'와 '양립불가주의'가 언급되고 있으며, 각 입장에 이런저런 꼬리표를 달아 분류하는 것은 상황의 탓이 큰데, 왜냐하면 양립불가주의자에는 결정론자뿐 아니라 비결정론자와 자유옹호론자도 포함될 수 있다. 일견 양립불가주의의 주역들은 결정론과 의지의 자유가 어떤 경우에도 양립할 수 없다는 확신을 특징으로 한다.

*자유옹호론자 중 양립불가주의자*들은 자유를 보장된 것으로 간주하는데, 그 이유는 사실 자연법칙의 결정에 자유를 제한하는 계기가 들어 있다는 것을 인정하지만, 그들의 판단으로는 그 결정이라는 것이 절대적이지 않은 상황에 따른 결정주의이며, 따라서 그 느슨한 모델이 충분히 근거에 입각한 행위를 위한 자유공간을 허락한다는 것이다. *통합주의자*들은 *환원주의 없는 자연주의*라는 입장을 대변하는데, 이들은 양립불가주의에 대해 대범하게 만일 결정론이란 것이 전면적이라고 한다면, 자유는 구원할 길이 없다는 점을 용인한다. 하지만 삶의 고유성에 대한 그들의 통찰에 따르면, 반대로 자유는 살아 있는 자연 안에 포함되어 있으며, 이미 모든 종의 생명은 단세포까지도 결정을 위한 여지를 이용할 수 있는 명

확한 형태가 각인되어 있다는 것이다.(노이바일러 2008; 특히 하이링어 2007 중 하이젠베르크 부분 23 이하 참조)

반면에 *양립가능주의자*들은 자연법칙에 따른 결정론에도 불구하고 이 자유를 주장하고 있다. 그들은 *관점 이원론자*로서 전면적인 결정론이 입증 가능하다고 하더라도 결정론과 자유가 양립할 수 있다는 입장이다. 그들의 판단에 따르면 자유에 대한 타당성 요구는 자연법칙의 결정론이 미칠 수 없는 차원에 존재한다. 이는 사고와 행위에 있어서 필연적으로 자기를 정당화하면서, 독자적인 권리의 현실에 기초하는 자기이해라는 차원이다.

이러한 강력한 요구에 반해서 결정론의 형태로 *양립불가주의*를 대변하는 신경생물학자 중 극단주의자들은 이러한 주장은 환상에 불과하다는 입장이다. 자연법칙에 의해 규정된 생명체로서 나는 자유롭지 않으며, 기껏해야 자유롭다고 느낄 뿐이다. 하지만 설령 그렇다 하더라도, 이런 자유의 감정에 우리가 어떤 지위와 해명가치를 부여해야 할지에 대한 부분까지 결정된 것은 아니다. 그런 감정이 무엇을 *의미하는가? 그것*이 어떤 기능을 할 수 있을까? 그리고 마지막으로 어떻게 그런 감정이 가능한가? 도대체 왜 자연은 고도로 발달한 생명체에게 그런 감정을 부여하는가? 이렇게 계속 이어질 논쟁이 외교적인 발언을 통해 무마되듯이 해결될 것으로 보이지는 않는다.

의지를 논박하는 고전적 입장

자유를 둘러싼 현재의 논쟁이라는 드라마를 너무 과대평가하지는 말자. 어떤 이들이 말하듯, 이 논쟁은 그렇게 독창적인 것이 아니다. 위르겐 하버마스(2004, 871쪽)는 의지의 자유를 신경생리학적으로 논박하는 것과 관련하여 "19세기로 돌아간 것 같다"고 평가하고 있다. "정신적 과정을 오로지 관찰가능한 생리적인 조건으로부터 설명하려는" 19세기에 번창했던 "환원주의적 연구전략"을 염두에 둔다면 우리는 하버마스가 무슨 말을 하는지 이해할 수 있다. 하지만 그의 이런 발언도 역사적으로 보면 그렇게 멀리 거슬러 올라가는 것은 아니다. 의지의 자유를 둘러싼 논쟁은 고대 이래로 늘 기승을 부렸으며, 그때마다 늘 당시의 학문적 성취를 기초로 했으며, 또 늘 철학적 성찰 내용이 집중적으로 투여되었다. 예를 들면 에피쿠로스의 원자론과 스토아학파 학자들의 우주론의 경우에는 의심할 여지가 없는 결정론의 토대 위에서 자유로운 의지에 기초하는 행위가 예외 없이 작동하는 자연법칙(혹은 우리가 운명이라고 부르는 그 어떤 것)과 양립한다는 입장을 방어하기 위해 애를 썼다. 이는 용어상으로 어색하기는 하지만, '*양립가능주의Kompatiblismus*'라고 부르는 철학적 이원론의 입장이다.

한나 아렌트는 의지의 자유를 간단하게 기독교의 발명이라고 천명했다. 즉 정치적 행위 영역의 가치절하에 결정적으로 기여한 내면성이 낳은 의심스러운 산물이라는 것이다. 이와 비슷한 논거로 늘 반복해서 고대에도 자유의지를 알고 있었다는 사실이 부정되어왔다. 그리고 같은 식으로 고대의 자유사상은 *엘레우테리아* *eleutheria*라는 개념으로 정치적인 영역, 그러니까 행위의 자유라는 별도의 영역에 한정된다고 강조되었다. 그렇다면 우리는 그리스인과 로마인의 경우, 그들이 행위를 통해 이룬 모든 것을 의도할 수 없었다고 가정해야 하는 것인가?

그 증거로 근대에 다루어지고 있는 '의지'라는 개념에 대한 독자적인 용어가 고대에는 없다는 것이 제시된다. 이 경우뿐 아니라 모든 경우에 개념사概念史를 오로지 단어사單語史로 보고, 문제사로 이해하려고 하지 않는 이런 식의 개념실제론 입장으로 빠지는 것은 경계해야 한다. 원칙적으로 우리는 역사적으로나 체계적으로 (아직) 그에 대한 통용 용어가 확정되지 않은 경우에도 문제를 확인할 수 있다는 점을 신뢰해야 한다. 다시 말해 어떤 사태의 개념을 상이한 언어적 표현으로도 재인식할 수 있다는 점을 신뢰해야 한다. 집중적으로 이 문제를 파고들면, 다른 예를 만나게 된다.(하이덴/슈나이더 2007에서 프레데, 예단, 호센펠더, 포르쉬너 참조) 대표적인 예로 세네카와 같은 사상가는 자신의 대화 윤리에 덕행을 위한 끝없는 수행의 형태를 제시했다는 것을 기억할 필요가 있다. 군사적인 비유를 들어, 쏟아지는 운명의 화살 앞에서 냉정하게 행동할 것을 권하는 스토아학파의 성찰과 심각한 패배 앞에서도 결연한 평정심을 보여주는 "내 모든 것은 내가 짊어지고 간다"는 표현을 보면 의지를 숙고하는 성격이 그대로 드러난다.(이 책 3장, 103쪽 이하 참조) 이 모든 언표는 운명에 의한 우주적인 결정론에 대한 믿음 한가운데서도 가능했었다.

형이상학적인 혹은 회의적인 아니면 실증적인 반론이건 신앙에서 유발되었건, 지식에서 동기를 얻었건 간에 자유를 가정하는 것에 대한 반론은 처음부터 자유에 대한 생각과 함께 있어 왔다. 뇌 연구의 데이터를 근거로 자유에 대한 요구에 손사래를 치는 것은 최초의 반론이 아니라, 단지 가장 최근의 일례일 뿐이다. 만일 자유가 항상 사유의 자유에 기초하는 것을 기본으로 삼는다면,(이 책 3장 108쪽 이하 참조) 우리는 이 논쟁에 있어서도 문제에 거리를 두고 개괄할 자유를 취하는 것이 필요하다. 그렇게 해야만 의미 있는 논쟁이 될 수 있다. 즉 현재 벌어지는 논쟁의 가열된 온도를 낮춤으로써 숨통을 틔워, 지난 시대 사람들이 벌인 자유에 대한 논박 자체에 집중할 수 있다. 자유회의론자와 부자유 독단론자에 맞서 자유를 주장하는 것이 우리가 처음은 아니기 때문이다.

이에 따라서 이 책은 자유의 개념을—그에 대한 논박과 주장, 그 이론적 맥락화, 그 규정 및 범위—단순히 체계만 따르는 것이 아니라, 우선 역사적으로 중요한 입장들의 서술을 통해 제시할 것이다. 자유의지에 대한 논박의 역사 중 대표적인 지점들을 설명하는 것이 우선시 될 것인데, 그런 다음에 상이한 기원의 결정론 내에서 자유 개념의 자리를 정리할 것이다. 대표적인 논쟁을 염두에 두고, 우리의 시선은 철학적인 이론의 흐름을 넘어서 폭넓은 대중에게 영향을 미친 내용을 향하게 될 것이다.(이 책 1장)

자연과학적으로 주장한 인과결정론을 인정하는 바탕 위에 근대와 현대에서 자유 이념을 옹호하는 대표적인 예로 임마누엘 칸트의 관점 이원론을 다룰 것이다. 칸트의 경우 방법론적으로 성찰된 양립가능주의의 모델로서 현대의 논쟁에 있어 자유에 대한 사유의 *전거*locus classicus로 남아 있기 때문이다.(이 책 2장)

그러고 나서 자유 개념에 대한 일련의 질문에 대해 답할 것이다. 자유란 무엇인가? 자유는 어디에 존재하는가? 자유는 어떤 형태를 취하는가?(이 책 3장)

마지막으로 '자유는 어떤 차원에서 활동하는가' 하는 문제를 다루겠다. 이 부분에서 결론적으로, 인간이 그 안에서 방향을 잡고, 자신의 목적에 맞춰 끊임없이 형식을 만들어가는 객관적 세계로서의 문화, 법적으로 보장된 정치적 삶 및 자율적인 정신적 활동의 대표적 영역인 예술이 자율적 자기이해의 공간들로 드러날 것이다.(이 책 4장)

이때 사안을 판가름하는 질문은 다음과 같다. 우리가 자유롭다고 가정할 근거는 충분한가?

의지의 자유를 이 책에서 증명해줄 수는 없다. 자유의 '미적이고' 동시에 실천적인 성격을 감안하여 우리는 우리가 의지를 가지고 있다는 사실과 마찬가지로 자유 역시 기본적으로 *증명될* 수 없다는 것을 출발점으로 삼아야 한다. 하지만 자유 사상의 전통을 살펴보면 알 수 있듯이, 자유는 *제시될* 수 있다. 만일 어떤 것을 참으로 여기는 것Fürwahrhalten이 어딘가에 그 정당한 위치를 갖는다면, 그 자리는 자유에 대한 질문이다. 따라서 마지막 장은 자유에 대한 논박을 냉정하게 받아들여야 한다는 '실용적인 결론'에 대한 성찰로 마무리될 것이다.(이 책 5장)

자유의 프로필

제1장
자유에 대한 논박: 신학적, 사회학적, 심리학적, 신경학적 결정론

제2장
결정론과 자유의 통합가능성: 칸트와 양립가능주의

제3장
자유의 개념: 요소, 단계, 구상

제4장
자유의 여러 차원: 문화, 정치, 예술

제5장
자유의 현실: 실용주의적 결론

제1장

자유에 대한 논박: 신학적, 사회학적, 심리학적, 신경학적 결정론

이 장에서는 의지의 자유에 대한 논박의 역사에서 등장한 중요한 쟁점을 논의할 것이다. 여기서 다루는 대부분의 사상가들은 결정론을 밀고 나가면서 결국은 관점 이원론적 대안을 펼치고 있다.

교부 아우구스티누스는 기독교 세계의 척도가 되는 이론을 표현했는데, 그는 세상의 악에 대한 인간의 독자적인 책임이라는 신학적 관심에서 인간의 모든 결정이 이미 예정된 것과 동시에 인간의 자유를 주장할 필요가 있다고 본다. 인문주의자 에라스무스는 기독교인의 자유에 대한 루터의 역설적인 논박에 대해 성서에 나타난 많은 증거를 대면서 자유를 논증하고 있다. 이에 대해 논쟁적인 종교개혁론자 루터는 에라스무스가 사안을 전혀 이해하지 못하고 있으며, 인간의 자유의지는 터무니없는 것이라고 반기를 든다. 아르투어 쇼펜하우어는 자신의 형이상학적 심리학을 통해 인간의 동기와 성격에 의한 의지의 예외 없는 인과적 결정론을 주장한다. 프리드리히 니체는 심층심리학과 이데올로기 비판을 통해 자유 이념이란 이중전략적인 조작 수단이라고 폭로한다. 지그문트 프로이트는 인간을 순전히 충동존재로 보고 있으며 자유의지를 주장하는 것은 심리적인 기만술이라고 평가한다. 그 이전에 칼 마르크스는 인간의 의식을 원사회학적으로protosoziologisch 경제적 관계가 만들어낸 "존재"로부터 도출하여, 그 사안을 의미 없는 것으로 천명한다. 마지막으로 벤자민 리벳의 실험실 테스트에 기대고 있는 신경생리학적으로 볼 때 의식이란 뇌 활동의 단순한 연속이며, 따라서 의식이 의지 결정의 원인이라는 것을 논박하고 있다.

신학적 결정론

신의 뜻대로 이루어지소서: 아우구스티누스

아우렐리우스 아우구스티누스(354~430)는 『자유의지론Vom freien Willen』(388-395쪽)에서 두 명을 내세워 자유의지 문제를 논하고 있는데, 에우오디우스(선한 의지의 인간)와 저자 아우구스티누스가 자유의지를 신학적 문제로 삼아 토론하고 있다. 근본적인 질문은 다음과 같다. *신의 피조물인 우리가 신의 섭리에 의해 규정되었다면, 어떻게 우리가 동시에 자유로울 수 있는가?* 우리가 자신을 신의 자식으로 이해한다면, 당연히 신이 조종하는 꼭두각시가 아닌가? 신의 전능을 염두에 둔다면, 그럴 수밖에 없는 것으로 보인다. 하지만 결과를 놓고 보면 여기서 신학적인 무리수가 나타난다. 즉 우리가 단지 신의 의지를 수행하는 기관이라면 신은 우리의 잘못된 행동의 악에 대해서도 책임을 져야 할 것이다. 우리가 악행을 하도록 강요한 이도 신일 것이다. 완벽한 존재로서의 신이라는 개념과 술어를 통해 이미 처음부터 이러한 주장은 받아들여질 수 없는 것이 분명하다. 악에 대한 책임은 오로지 악을 행한 인간에게 있을 수밖에 없다. 악에 대해 책임을 물을 수 있다는 것은 인간이 양자택일의 대안을 가지고 있음을 말한다. 인간에게 선택권이 주어져 있다는 것은 어떤 행위를 인간에게 맡긴다는 것에 다름 아니며, 이는 결국 그가 자유롭다는 것을 전제로 한다. *따라서 우리는 인간은 자유의지가 있다는 것에서 출발해야 한다.*

그렇다면 인간의 자유가 신의 전능과 합일될 수 있느냐는 문제가 제기된다. 사실 우리가 신의 피조물이기는 하지만, 그럼에도 우리 자신은 자유로운 것으로 이해해야 한다.

아우구스티누스는 신이 원하는 그 모습대로 우리를 창조했다는 것을 첫 번째 해답으로 들고 있다. 즉 신이 우리에게 자유의지와 그럼으로써 우리의 행위에 대한 책임을 부여했다는 것이다. 하지만 한편에는 신의 섭리와 모든 것이 발생하는 필연성이 있고 그리고 다른 한편에는 인간의 자유의지가 있다는 이 두 가지 가정은 서로 모순인 것처럼 보인다. 따라서 아우구스티누스는 이 딜레마의 두 가지 측면을 면밀히 살피고 있다. 우선 개념분석적인 논증을 통해 의지를 갖는다는 것은 그 의지의 처분권을 내포한다는 것을 밝힌다. 의지를 가진 자에게 의지의 사용은 자유롭지 않다고 하는 것은 어불성설이다. 그러고 나서는 신의 섭리의 성격을 통한 논증에 들어가는데, 누군가가 다른 사람이 어떻게 행동할지 미리 알고 있다면, 그는 그 사람이 그렇게 행동하도록 *강제하지* 않는다. 다만 그는 그것을 *알* 뿐이라는 것이다. 그의 논증은 성찰 이원론의 성격을 갖는데, 신의 섭리와 나의 자유의지는 서로 모순되지 않는데, 양자가 서로 일치하지 않는 관점에 속하기 때문이다.

아우구스티누스는 현상학적으로 의지의 고유성에서 출발한다. 그는 의지를 지향성으로, 즉 각각 원하는 것에 목적의식적으로 방향을 맞추는 것으로 이해한다. 선한 의지를 갖는 것만큼 쉬운 것도 없다는 그의 명제는 시사하는 바가 크다. "왜냐하면 의지의 권능 안에 의지 자체 말고 무엇이 있겠는가?"(81쪽; 89쪽도 참조) 아우구스티누스가 선한 의지에 대해 타당성을 부여하는 부분은 의지의 자유에 대한 문제에 중요한 함의를 품고 있다. 즉 의지에는 자기처분이라는 특성이 포함되기 때문에 의지는 단순히 자기 이외의 모든 가능한 것에 대해서뿐 아니라 자기 자신 역시 지배하고 있다는 것이다. 따라서 의지를 갖는다는 것은 이미 의지에 대한 처분권이 있다는 것을 말한다. 아우구스티누스는 소유대명사를 사용하여 처분에 대한 논증의 날을 세운다. "만일 내가 무엇을 원하거나 원하지 않는 그 의지가 *나의* 것이 아니라면, 어떻게 내가 '*나의*'라는 말을 할 수 있는가?"(225쪽, 저자 강조) 이러한 지적의 의미는 우리의 권능에는 의지 자체 말고는 아무것도 없다는 성찰에서 해명된다. "왜냐하면 우리 안에서는 우리가 의도하는 순간, 아무런 시간의 지체 없이 의지가 등장하기 때문이다."(235쪽) 그에 따르면 무엇을 의도한다는 것은 그 자체로 의지에 대한 처분권이 있다는 것이다. 즉 의지는 의도하는 자에게 아무 제한 없이 사용 가능하다는 것이다. 이렇게 아우구스티누스는 늘 의지라는 개념과 관련하여 우리의 권능 안에는 "우리가 의도할 때 사용할 수 있는 그것" 외에는 아무것도 없다는 논거를 펼친다. "그렇기 때문에 의지가 늘 우리의 권능 안에 존재하는 것이 아니라면, 우리의 의지는 의지라고 할 수 없을 것이다."(237쪽) 그래서 단호하게 다음과 같은 문장이 나온다. "우리가 의지 없이도 의도할 수 있다고 주장하는 사람은 미친 사람일 것이다."(235쪽)

그렇다고 이것을 의지의 자기산출이라는 엉뚱한 주장으로 이해해서는 안 된다. 의지 행위와 관련해서 우리가 분명히 해야 할 것은 의도das Wollen, 의지는 그 실제에 있어 무언가 직접적인, 따라서 근원적인 것이라는 점이다. 의지는 우리가 의도하는 동시에, 의도하는 자의 체험 시간과 시차 없이 현존하며 영향을 발휘한다. 그것은 자기의식의 순간으로서 등장한다. 아우구스티누스가 자신의 표현으로 포괄하는 내용은 어떤 활동의 근원성, 자기활동성 그리고 자발성의 개념이다. 이 활동은 등장하는 실제에 있어서 의문의 여지없이 직접적으로 나타나는 것으로서, 즉 고유한 움직임으로서 주어진 어떤 것이다. 우리의 의도 안에서 의지가 각각 자발적으로 처분가능한 것으로 등장한다는 의미에서 다음의 진술은 타당하다. 의지는 우리의 자유로운 소유다. 아우구스티누스에게 의도행위는 의지의 자유에 대한 *자명성의 토대Evidenzbasis*이다. 왜냐하면 여기에는 자기의식의 실현에 있어 어떠한 간극도 없으며 따라서 의도자의 의지로서의 의지의 현존에 대한 어떤 의심의 여지도 없기 때문이다. 의지가 실제적인 실현으로 *전적으로 현존하며, 전적으로 우리의 의지라는 것*을 이렇게 표현할 수 있다. *우리는 자유의지를 가지고 있다.* 이렇게 의지의 행위가 자발적인 것으로 이해된다면, 자유의 개념은 분석적으로 이미 의지의 개념 안에 포함되어 있는 것이며, 따라서 자유의지에 대한 주장은 의지 개념이 의미하는 것의 현상학적 분석을 통해 밝혀진다.

아우구스티누스는 이와 더불어 *자유의지의 목적론적인 이해*를 결합시킨다. 의지는 우리가 자신을 선善으로 규정하기 위해서 우리에게 부여된 것이다. 의지의 *목적*은 인간 실존의 신학적 해석의 틀에서 명백하게 선의 규정과 관련지을 수 있다. 하지만 선이라는 것이 그와 대비되는 반대 평가와 관련해서만 의미를 갖는 평가 대상이기 때문에, 선으로 규정되어질 수 있는(그리고 규정되어야 하는) 자유의지는 또한 악에 대한 규정에 대해서도 열려 있어야 한다. 우리가 악을 위해 의지를 사용한다면, 우리는 그것을 오용하는 것이며, 이에 대해서는 신이 책임지게 할 수 없다는 것이 아우구스티누스의 *일관된* 지론이다.(225쪽)

위 구절의 개념분석적 결과는 다음과 같다. 선은 악 역시 가능할 때만이 가능하다. 왜냐하면 선은 무언가 가치 있는 것으로서의(이 경우, 칭찬할 만한) 자신의 특수한 성격을 근원적으로 똑같이 가능한 어떤 열등한 것과의 비교를 통해서만 얻기 때문이다. 마찬가지로 신의 관점에서 말하자면, 악이란 그런 식으로 선을 위해 감수해야 하는 것이다. 하지만 그것을 받아들인다는 것은 신이 그것에 책임을 진다는 말은 아니다. 책임은 오로지 늘 무언가를 하는 자가 져야 한다. 왜냐하면 그자는 자신의 행위와 무위가 귀속된 자유를 근거로만 행위하기 때문이다.(이 책 3장, 116쪽 이하 참조) 하지만 이러한 결과는 섭리와 강요의 차이를 통해 신의 섭리와 합일될 수 있다. 즉 신은 누구도 죄를 지으라고 강요하지 않는다.(241쪽 참조) 그는 다만 우리가 어떻게 행동할지 알고 있다. 그리고 행동하는 사람은 바로 우리 자신이다.

아우구스티누스의 독단적인 학설, 분석적 논증 그리고 간접증명으로 구성된 사고의 전개가 불충분함에도 불구하고 상호 양립불가능한 타당성의 차원을 구분하는 것은 유익하다. 즉 모든 것을 포괄하는 신의 섭리는 *신*에게만 해당하며, 의지의 자유는 오로지 *인간의 자기이해*로부터 파악할 수 있는 그 무엇이라는 것이다. 후자와 관련해서는 우리 내면에서의 과정과 그것이 우리에게 지니는 의미를 염두에 두고 말할 수 있는 것만이 일정한 역할을 한다. 따라서 여기서는 선한(칭찬할 만한) 그리고 악한(꾸짖을 만한, 죄과를 받을 만한) 행위의 차이를 반복하는 것이 당연할 터인데, 만일 우리가 의지의 자유를 가정할 수 없다면 그러한 차이는 포기되어야 한다. 그렇게 된다면 우리는 한 인간을 그의 행위에 따라 칭찬할 수도 꾸짖을 수도 없을 것이며, 경고하는 일도 불가능할 것이다. 따라서 우리의 행위를 통해 드러나는 우리의 자기이해는 자유의지의 가정을 필요로 한다.(225쪽 참조)

의지를 자신의 '소유'로 처분한다는 아우구스티누스의 논증 역시 그 체계적인 가치에 있어 가볍게 보아서는 안 된다. 반복해서 의지의 자유에 대한 논의에서 *자유*의지 대신에 *자체*eigen 의지라는 용어를 사용해 문제를 피해갈 것이 제안되었다. 하지만 형이상적으로 부하가 걸린 '자유로운'이라는 한정 형용사를 무해한 소유대명사로 대체할 경우, 문제가 완화될 수 있다는 것은 피상적인 고찰이다. 왜냐하면 자체 의지라는 말을 사용하는 것이 이 의지가 다른 외부의 권력에 의해 소유되지 못한다는, 즉 '나 자신' 이외의 누구도 그리고 어떤 것도 그에 대해 처분하지 못한다는 것 말고 무슨 다른 의미가 있을까? 그것을 각자 자기 자신이 자체의 의지라고 명명하는 이에게만 복속되는 이 자체 의지는 자유의지에 다름 아니다.(비에리 2001 참조) 이러한 성찰 내용을 처음으로 논증한 이가 바로 아우구스티누스이다. 오늘날 크게 관심을 받고 있는 일차 의도와 이차 의도 간의 구별을 통해 논의되고 있는 것에 대한 전제조건으로 간주될 수 있는 자기처분의 성찰적 자발성에 대한 통찰 역시 아우구스티누스부터 시작되었다.(프랑크푸르트 1971과 1988 참조)

아우구스티누스의 논증은 수백 년간의 기독교 시대를 넘어 영향력을 유지하고 있는 논쟁의 전범을 보여주고 있다. 아우구스티누스가 말년에 자유를 철저히 논박하는 예정설을 내세우며 초기의 입장을 포기했다는 사실에도 불구하고 중세와 근대 초기의 사상가들은 여기서 제시된 틀에 따라 늘 새로운 변형을 통해 신의 전능과 인간의 자유의지의 합일가능성이라는 문제에 천착했다.

자유의지와 신의 은혜: 에라스무스 대 루터

빌헬름 딜타이가 16세기의 볼테르라고 불렀던 인문주의 학자 에라스무스(1469경~1536)는 『자유의지론Über den frien Willen』(1524)에서 이미 1520년 루터가 제시했던 입장에 반대했다. 루터는 인간의 자유의지란 환상이자 내용 없는 오도적인 개념이며 인간이 하는 모든 것은 단지 신의 은혜 혹은 노여움에 의해 정초된 필연성을 통해서만 설명될 수 있다는 입장을 발표했다.

에라스무스의 견해로는 인간은 선과 악을 결정하는 자유의지를 가지고 있다는 것이다. 그리고 인간은 "자유의지를 창조하고 다시 복원한" 신으로부터 이 의지를 부여 받는다는 것이다.(에라스무스 1524, 41쪽) 에라스무스는 이성으로부터, 보다 정확히 말해서 "오성 판단"(63쪽)에서 나오는 자유의지를 "의도의 힘"으로 파악했으며, 이 힘을 통해 인간은 구원으로 인도되는 쪽으로 나갈 수도, 또 거기서 벗어날 수도 있다는 것이다.(37쪽) 즉 우리는 의지의 도움을 받아 "선택"하거나 거부한다는 것이다. 그는 이러한 자유의지를 절대적인 것으로 정초하지 않고 반대로 그것을 신의 전능과 섭리라는 조건과 결합하는 데 중점을 두었다. 이를 위해 그는 은혜의 형식에 대한 세분화된 이론을 내세웠는데, 우리는 이 은혜에 종속되며 그 안에서 자유의지는 공동으로 작용하는 제한된 기능을 갖는다는 것이다. 물론 우리가 인간의 행위를 자동주의로 오인하지 않으려 한다면, 이 기능은 절대로 포기할 수 없는 것이다. 루터는 자신의 반박문에서 이렇게 종속과 자유 사이를 재는 행위, 신학서에서 쓰이는 용어로 하자면 "은혜와 자유의지 간의 신인협동설"(에라스무스 1524, 편저자 벨치히의 글, XIII)을 모순이라고 비판한다. 이것이 신의 예지에 대한 정통 결정론자인 루터가 비판한 관점 이원론의 모순이다. 이에 대해 루터는 결국은 그렇게 일관되지도 않은 "은혜 단독설Monergie der Gnade"을 철두철미하게 대변한다.(XVI)

에라스무스는 자신의 철학적 입장을 이중 방법의 논증을 통해 전개하고 있다. 전체적으로 그는 문헌적으로 의심할 여지 없는 권위인 성서에 기대고 있으며, 개별적으로는 개념분석적인 해명을 하고 있다. 이때 그는 성서에서 신의 말씀이 언표하고 있는 언어의 논리적, 의미론적 그리고 화용론적 이해에 있어서 수미일관됨을 주장한다. 그는 구약과 신약성서에서 죄인들, 선과 바름의 선택과 거부, 인간에 대한 신의 요구, 명령과 법의 준수, 신에 의한 인간 행위의 참작, 보상과 벌에 대해 언급하고 있는 무수히 많은 구절들을 제시하고 있다. 일반적으로 에라스무스는 우리가 사용하는 행위 개념뿐만 아니라 신 개념의 일관성과 관련하여 논리적이며 의미론적인 수미일관성을 요청하고 있으며, 그 논거를 사고하고 행위하는 인간의 자기이해로부터 이끌어낸다. 왜냐하면 성서의 구절은 신의 계율, 금지, 상찬과 질책 속에서 자신의 방향을 잡아가는 인간의 규범적인 자기이해를 발화하고 있기 때문이다.

에라스무스의 방법은 이 모든 경우에 그 표현을 말 그대로 받아들이는 데 있다. 기본적인 논증은 다음과 같다. 성서의 말이 겨냥하고 있는 인간이 이 말을 따를 능력이 없다는 것이 확실하다면, 이러한 요구를 내세우는 것은 허황된 것이다. 다시 말해, 인간이 책임능력이 없는 존재라면 이런 식으로 인간에게 귀책을 요구하는 것은 허황되다는 것이다.

구약성서에서 신이 내리는 "약속, 위협, 유보, 질책, 서약, 축원 그리고 저주"와 같은 언술, 호소, 평가 그리고 규범을 담고 있는 모든 문장들은(에라스무스 1524, 67쪽) 그것을 통해 효력을 담은 함의가 통용되지 않는다면 "무의미"할 것이다. 왜냐하면 이 언어적 표현 중 많은 부분들이 직접적으로 구별, 선택, 결정능력을, 그리고 다른 표현에서는 간접적으로 행동의 귀책능력이 가정되고 있다. 이렇게 의지의 자유가 전제된 것이다. 이 중 어떤 것은 이미 아우구스티누스의 『자유의지론』에도 나오는 부분인데, 거기서 아우구스티누스는 "만일 이리 저리 향하는 의지의 움직임이 자발적으로, 즉 우리의 권능 안에 주어진 것이 아니라면", 인간을 칭찬하거나 질책하거나 또는 경고할 수 없다는 것을 지적하고 있다.(아우구스티누스 388, 225쪽) 체계적으로 상세하게 에라스무스는 이러한 통찰 내용을 적용시키고 있다. "자신을 이렇게 저렇게 움직일 수 있는 권능이 없는 자에게 '선택하라'고 말하는 것은 우스운 짓이다."(에라스무스 1524, 61쪽; 63쪽도 참조) 이렇게 그는 신이 인간에게 선과 악 사이의 결정을 통해 삶과 죽음의 선택을 맡기고 있는 창세기 2장 17절을 주해하고 있다. 여기서 주제로 등장하는 것은 명백하게 신의 신뢰성이다. 만일 이 모든 말들의 타당성 요구가 논박되어야 한다면, 신은 자기모순에 빠지게 된다.

에라스무스가 개념분석을 통해 도출한 이 명제에 대해서 루터는 1525년 분노에 가득 찬 반박문 『노예의지론Daß der freie Wille nichts sei』으로 비판을 가한다. 루터는 에라스무스의 개념 구상이 지닌 상처를 후벼 판다. 자유와 은혜의 협동설 이론을 통해 에라스무스가 대변하고 있는 이원론을 루터는 우유부단함, 나아가 모순이라고 비난한다. 루터에게 "인간이 특별한 은혜 없이는 선을 의도할 수 없다는 것"을 인정하는 것은 바로 의지의 무능을 통찰하는 것과 같다. 신의 은혜 체계 안에서 의지에 대해 공동협력을 부여하려는 에라스무스의 절충적인 시도에 대해 루터는 오로지 (신의) 필연성만이 지배한다는 입장을 주장한다. 신의 예지 안에서는 *우연이* 차지할 자리는 없다는 것이다. 우리에게는 "다른 식으로 될 수도 있지 않을까"(우연)로 보일 수 있지만, 실제로 모든 것은 예외 없이 신의 의지에 따라 일어나며, 따라서 "다른 식으로 될 수 없다"(필연)는 것이다. 그의 눈에는 이러한 통찰을 통해 에라스무스의 이론이 초토화되는 것으로 보인다. "이렇게 단번에 자유의지는 전복되어 완전히 무화된다."(24쪽) 자신의 해석에서 루터는 필연성 이론에서 도출한 결론의 견고함에 대해 어떠한 의구심도 허락하지 않는다. 그의 해석은 아우구스티누스의 후기 해석에서 영향을 받은 예정설로 이어진다. 즉 인간은 자신의 의지, 노력하고 애씀, 선한 의지의 노동 그 자체가 아니라, 루터가 상기시키듯이, 스스로 원하는 대로 불어오는 성령을 통해서만 구원에 이르게 된다는 것이다. "선택 받은 자들과 경건한 자들은 성령을 통해 개심할 것이고, 나머지 자들은 개심하지 못한 채 멸망할 것이다."(42쪽) 이렇듯 루터의 핵심은 인간과 관련하여 "자유의지란 빈말"이라는 것이다.(87쪽)

이로서 루터는 이미 자신의 논증의 두 가지 상호 보완적인 목표를 달성했다. 1. 자유의지는 "전적으로 신의 이름"이며 유일하게 "존엄하신 신 이외의 다른 누구에게도 부여될" 수 없다. 그것을 인간에게 덧붙인다면, 인간을 신으로 칭하는 것이며, 이는 "더할 수 없는 신성모독"이다.(48쪽) 2. 인간의 의지는 자유로운 것이 아니라, 아무것도 아닐 뿐이다.

루터는 성경의 가장 잘 알려진 구절에 나오는 인간의 부자유를 멍에를 진 짐승의 비유로 표현한 예를 들어 *자유의지란 아무것도 아니라는 것*을 설명하고 있다. 인간의 의지란 두 마부 사이에 위치한다는 것이다. "만약 하느님이 그 위에 올라타시면, 인간의 의지는 하느님이 가고자 하는 곳으로 가며 […] 그러나 만약 사탄이 그 위에 올라탄다면, 그것은 사탄이 의지하는 바에 따라 움직일 것이다. 인간의 의지는 그 위에 올라탈 이 두 존재 중 하나를 찾아 선택할 수 없다. 오히려 그 위에 올라탈 이 두 존재가 인간의 의지를 꽉 붙들어 소유하기 위해 싸운다."(46쪽 이하)

신과 사탄, 선과 악의 형이상학적 이원론은 루터 자신을 적지 않은 곤경에 처하게 한다. 즉 체계적으로 타당성을 갖춘 전면적인 신의 섭리(예지)와 우리가 처한 필연성은 이를 통해 눈에 띄게 상대화된다. 관점 이원론자인 에라스무스를 겨냥한 필연적 세계의 일원론이 두-세계-이론에게 자리를 내주고 포기된다. 이제 루터가 분명히 대변하듯이 인간이 자신의 악행에 대해서 책임질 수 없는 것으로 보인다. 왜냐하면 그가 신 혹은 악마에게 소유되어, 이 두 "마부"가 그를 두고 싸운다면, 그것은 첫째 신이 적어도 다른 싸움꾼의 의지를 인정해야 하며, 둘째 인간은 이 양 존재에 대해 똑같이 아무 의지 없이 고분고분하다는 것을 말한다. 즉 인간은 "신의 자유의지나 혹은 사탄의 의지의 노예"라는 것이다.(49쪽 이하; 22, 86쪽도 참조) 여기서 이원론이 분명한 모습을 드러낸다. 멍에를 진 짐승의 소유를 둘러싸고 싸우는 두 마부. 이것은 신이 예지의 눈으로 의도적으로 어떤 자들에게는 은혜를 베풀고, 다른 자들은 타락하게 한다는 이미지보다 훨씬 더 분명히 이원론을 보여준다.

루터의 보여주는 의지의 모습은 자신을 선으로 규정할 자유도 없고 죄를 질 자유도 없는 그런 모습이다. 인간이 자신을 선으로 규정하는 것에 성공한다 하더라도 그것은 오로지 신의 은혜를 통해 일어난다. 이러한 은혜를 잇아간다 해도 인간은 여전히 악을 행할 자유가 없다. 왜냐하면 그가 신의 은혜를 소유하지 못하면, 그는 악마의 노획물이 된 것이다. "신도 사탄도 우리 안에 그 어떤 단순한 의도도 허락하지 않는다."(86쪽) 그러니까 인간은 선과 악을 자유롭게 선택할 수 없으며, 선과 악에 대해서 책임을 지지 않는다. 루터가 『그리스도인의 자유』(1520)에서 주장한 *오직 믿음sola fide*이라는 칭의교리Rechtfertigungslehre*에 따르면 은혜를 부여 받은 인간이 할 수 있는 일이란 단지 자신을 신의 전능과 은혜 아래 전적으로 복종하고 겸손해하는 존재로 파악하는 것이다. 하지만 그것이 하나의 의지 행위에 기초하는지의 여부에 대해 루터의 글은 은혜롭게도 확답을 주고 있지 않다.

물론 루터는 의지를 논박하면서 "인간에게 자유의지는 자기보다 더 높은 대상이 아니라 낮은 것과 관련해서 용인된다"는 제한을 두기는 한다. 즉 인간은 돈과 소유와 관련해서는 비록 여기서도 모든 것이 신의 자유의지에 따라 규정되기는 하지만, 그래도 자신의 자유의지에 따라 사용하고, 행동하고, 그만둘 권리가 있다는 것이다. 이로서 루터는 우리가 "*신에 대해서*는 혹은 구원이나 저주와 관련된 일에 있어서는"(1525, 49쪽; 22쪽도 참조) 어떤 자유의지도 가지지 못한다는 것을 분명히 한다. 이렇게 정해진 구분이 무슨 말인지는 분명하지 않다. 루터에 따르면 어떤 우연도, 즉 어떤 예외도 용인하지 않는 신의 예정과 예지에서 인정해야만 하는 필연의 지배에서 자유의지가 벗어난 경우에만 *신에 대해서* 자유의지를 갖는다고 할 수 있다. 이에 따르면 당연히 돈과 소유에 대한 자유로운 처분을 포함하여 모든 자유는 *신에 대한 자유*다. 신의 자유가 예외 없이 모든 것을 인도하는 루터의 구상에서 신에 대한 자유와 다른 자유 자체를 구분하는 것이 어떤 체계적인 위치를 점할 수 있는가? 이같이 개념적인 정밀성이 결여된 루터의 이론은 이 점에 있어서 분명

* 이신칭의以信稱義의 줄임말로 믿음으로 의롭다고 인정받는다는 뜻이다.

양립가능주의의 최소한의 형태인 의지의 자유와 행동의 자유의 구분에 대한 인식을 허락하지 않는다.

사회학적 결정론

존재가 의식을 규정한다: 마르크스

니체와 유사하게 칼 마르크스(1818~1883)가 스스로를 인류의 해방자로 생각했다는 것은 일찍부터 알려진 사실이다. 그는 자의식에 가득 찬, 창조적이며 모든 것을 스스로 해나가는 인간에 대한 신화적 상징인물인 프로메테우스를 "철학 달력에서 가장 고귀한 성자이자 순교자"(리스만 1992, 21쪽 인용)라고 표현했다. 그리고 그를 자신의 이상형으로 삼았다. 마르크스가 편집장으로 있던 『라인 신문』이 1843년 폐간당할 당시의 풍자화에는 프로이센의 왕관을 쓰고 거의 벌거벗은 채로 인쇄기에 묶여 독수리가 간을 쪼아 먹고 있는 프로메테우스의 모습으로 마르크스를 그리고 있다. 마르크스가 언론인으로 그리고 나중에 학자로서 쓴 비판적 글에서 자유를 언급할 때, 그의 단어 선택에서 엿들을 수 있듯이 그것은 루소의 목소리였다. "인간은 자유롭게 태어났지만, 지금은 어디서든 사슬에 묶여 있다."(루소 1762, 5쪽) 이 문장은 정치적인 격변 분위기에 대한 낭만적-이상주의적 열정의 대표적인 예다. 마르크스의 확신에 따르면 인간의 본질은 자유에 있다. 그것이 의미하는 바는 늘 *정치적 자유*이며, 그의 통찰에 따르면 자유의 적대자들도 그들이 자유를 탄압

할 때 이 자유를 주장한다.(마르크스 1842, 51쪽)

자유에 대한 이런 열정으로 혁명가가 된 칼 마르크스는 후기 이론에서 역사철학적 결정론을 대변하는데, 그는 그 인과성은 경제적 관계의 주도적인 힘에 있다고 본다. 이 이론에 따르면 *의지의 자유*라는 이념은 인간의 뇌에 심어진 이데올로기적 환상에 지나지 않는다. 이 결정론이 정신적 성취를 사회적 관계로, 정확히 말해 한 사회의 경제활동의 형식으로 환원하는 이론적 기초이다. 이것이 바로 마르크스가 프리드리히 엥겔스(1820~1895)와 함께 자본주의 사회비판의 기초로 삼았던 변증법적 유물론의 핵심이다. 낡은 체제의 필연적인 붕괴와 계급 없는 공산주의 사회의 혁명적 탄생이라는 명제는 사회적 "토대"가 "상부구조"를 결정한다는 확신에 의해 주도된다.

"토대"는 인간이 노동을 통해 "자연과의 신진대사", 즉 인간의 필요를 물리적으로 충족시키는 행위를 조직하는 기본적인 경제적 관계다. 이러한 관계의 구성은—생산수단의 소유, 노동의 조직, 기술생산력—모든 나머지 사회 분야에 대한 형식 규정의 매개 역할을 한다. 즉 이 나머지 사회 분야가 "상부구조"를 형성하는데, 이 분야는 종속변수로서 토대관계라는 조건에 각인된 형식으로 규정되기 때문이다.

여기서 말하는 매개의 의미는 마르크스의 『자본』에서 자본주의적 생산양식의 분석을 통해 명시적으로 드러난다. 상품생산 사회는 상품생산자가 생산물을 교환하고 또 그 자체의 역동성이 생산조건의 일부를 구성하는 제도화된 영역에 속한다. 인간은 단순히 자신의 노동의 산물만이 아니라, 노동력 역시 상품으로 시장에 내놓는다. 시장에서 실현되는 가치의 효과적인 계산가능성은 화폐의 보편적인 교환등가성에 의해 보장된다. 노동의 산물로부터의 그리고 인간 상호 간의 소외는 단지 소유의 불균등한 분배 탓만은 아니다. 화폐의 결합적인 그리고 동질화하는 영향력이 이런 식으로 매개된 인간관계를 추상화시킨다. 상품생산 사회에서는 결국 모든 인간관계가 상품의 형태를 띤다.

마르크스와 엥겔스는 『독일 이데올로기』(1845/46)에서 전개한 자신들의 이론을 유물론의 변형으로 이해하면서, 대담한 비유를 통해 소유관계를 포함한 경제활동의 조직형태를 인간 세계 전체를 형성하는 물질Stoff로 파악했다. 즉 한 사회에서 형성된 *정신*의 질료Materie로 파악한 것이다.

"존재가 의식을 규정한다." 바로 이 명료한 정식이 마르크스주의 교과서에 나타난 사상을 표현하고 있다. 이 공동 저자의 표현을 그대로 옮기면 이렇다. "의식이란 의식된 존재 말고는 다른 무엇일 수 없다. 그리고 인간의 존재는 그의 실제적인 생명과정이다." (마르크스/엥겔스 1845/46, 26쪽) 대단히 형이상학적인 뉘앙스로 존재라고 포괄적으로 명명된 생명과정은 경제적 상품생산과 그 교환의 사회적 조직을 의미하는 것에 다름 아니며, 의식이란 생명과정이 그 가장 발달된 형태까지 '유출'된 것으로 파악할 수 있다. 이 사고의 핵심은 의식 및 의식과 더불어—가족, 법, 국가 제도에서 도덕, 예술 그리고 학문을 넘어 주도적 사상으로서의 이데올로기에 이르는—그 전체적인 문화적 성취를 처음부터 "사회적 산물"로 파악한다는 것이다.(30쪽 이하) 특히 사상 체계의 총합으로서 원래 중립적 의미로 쓰이는 이데올로기라는 개념이 *필연적으로 거짓된 의식*으로 덧씌워진다는 것이 이 사고의 정점이다.

따라서 이 이론에서 자유의지가 사회적 산물로 편입되는 것은 놀랄 일이 아니다. "개인이[…] 무엇인가는 그 생산의 물적인 조건에 달려 있다."(21쪽) 이에 대해서 마르크스(1845, 6쪽)는 「포이어바흐에 관한 테제」에서 인간의 본질은 "사회적 관계의 앙상블"이라는 정식을 제시했다. 즉 마르크스에게 의지의 자유를 가정한다는 것은 사회적 관계라는 맥락 속에서의 하나의 기능일 뿐이다. 『라인 신문』 편집장으로 마르크스가 벌목죄를 둘러싼 논쟁에 대해 쓴 신랄한 풍자의 기고문이 보여주듯이, 그는 산림소유자들이 '벌목범'에 대해서 직접 형을 집행하겠다고 국가에 요구하는 안하무인격의 자의성에 의지의 자유 이념의 온전한 진실이 담겨 있다고 본다. "이 자유의지는 너무 많은 자유를 요구하는 것인가? 이는 정말이지 대단한 자유의지가 아닌가?" 마르크스(1842, 129쪽)는 마치 자신이 난폭한 산림소유자들과 한뜻인 양 19세기에 사적인 시민의 자유의지가 국가에 의해 피부로 느낄 정도로 제한되고 있다고 비아냥거리고 있다. 산림소유자가 자신의 의지의 자유의 표현이라고 간주하는 것이 사실은 거짓 의식이라는 것이다. 즉 소유관계의 결정적인 힘에 의한 철저히 부자유한 의지이며, 이 의지는 자신이 원하는 그것을 통해 단지 자신의 소외를 드러낼 뿐이다.

바로 이런 의미에서 마르크스는 후기 사상에서도 시민의 자유를 전적으로 비판한다. 이렇게 해서 의지의 자유를 운위하는 것은 이데올로기로 밝혀진다. 하지만 마르크스의 역사철학에 따르면 피억압 노동계급이 전체 사회를 자본의 지배로부터 해방시킨다고 하는데, 여기서 이 이론의 비극적인 불일치가 나타난다. 이 이론의 경제적 결정론으로 인해 노동자계급은 혁명의 최종적 결정권자로서의 의미를 잃게 되어, 이제 혁명은 정신이 개입할 수 없는 기계주의로 그치고 만다.

심리학적 결정론

인과규정으로서의 전면적인 동기화: 쇼펜하우어

아르투어 쇼펜하우어(1788~1860)의 형이상학적 염세주의는 무엇보다도 인간 행위의 전면적인 동기화의 심리학적 결정론으로 나타나는데, 이를 통해 그는 부자유의지 이론을 대변한다. 이것이 트론헤임에 소재한 노르웨이 왕립학술원 현상공모 주제인 "자의식으로부터 인간 의지의 자유를 증명할 수 있는가"에 대해 응모작인 「의지의 자유에 대하여」(1839)에서 그가 내놓은 답변이다. 왜냐하면 인간의 의지는 자유롭지 않으며, 전면적으로 인과에 의해 규정되기 때문에 의지의 자유는 자의식뿐 아니라 어떤 방식으로도 증명될 수 없다는 것이다.

여기서 논의되고 있는 자유 개념은 의외로 간단하다. 그것은 "모든 방해와 구속의 부재상태"이며, 스스로를 방해 받거나 구속되지 않고 드러내는 힘에 의한 규정, 능력으로 이해된다.(쇼펜하우어 1839, 361

쪽) 쇼펜하우어는 자유의지의 옹호자들에 대해 그들이 이렇게 이해된 행동의 자유와 의지의 자유를 구분하지 않는다고 비난한다. 쇼펜하우어의 반론은 이렇다. 의지의 자유에 대한 의식은 이 의지에 대한 모든 규정적 원인의 부재를 가정하는 것이다. 행위자의 단순한 자의식은 의지의 자기근거에 대한 표상과 병행하는데, 이유는 아주 간단하게 행위자가 자신이 무엇을 원하는가에 대한 의지를 규정하는 것에 대해서는 아무런 의문도 제기하지 않은 채, 행위의 자유를 이미 의지의 자유로 간주하기 때문이다. 쇼펜하우어는 이런 표상은 잘못된 것이라고 단언한다. 왜냐하면 모든 것에는 충분한 원인이 있어야 하듯이, 인간의 의지 역시 다른 모든 것과 마찬가지로 그 본성에 있어서 선행하는 원인에 의한 규정이라는 전면적인 필연성에 귀속되기 때문이다. "한 가지 원인에서 나온 모든 결과는 필연적이며, 모든 필연성은 한 가지 원인에서 나온 결과이다."(367쪽) 그는 이런 식으로 전면적인 규정에 대한 원인과 결과의 상호 해명의 형태로 필연성 개념을 끌어들이고 있다. 모든 발생의 필연성은 자연의 상이한 발전단계에서 다양한 형태의 인과성을 띤다. 예를 들어 무기질의 자연에서 그것은 *원인*과 영향의 기계적인 관계이며, 살아 있는 자연에 있어서는 자극-관계로 등장하며, 인간에게서는 지적 능력이 *동기화*로 원인과 영향 사이에 개입하게 된다. *행위의 동기*—이것은 의식에 의해 매개된 규정의 원인이다. 즉 동기화는 "인식을 통과한 인과성"(389쪽)이다. 그리고 인간은 행위자에게 작용하는 동기의 주관적 매개에 지나지 않는 의지를 이 동기의 영향력으로 체험한다.(391쪽)

"내가 원하는 것을 할 수 있다면, 나는 자유롭다." 쇼펜하우어에 따르면 행위자의 일반적인 자의식 속에서 의지의 자유에 대한 확신은 이렇게 이해된다. 그는 다음의 질문을 통해서 행위의 자유와 의지의 자유를 혼동하는 주된 오류의 이유를 밝힐 수 있다고 보았다. "당신은 스스로 무엇을 원하는지도 원할 수 있는가?"(364쪽) 이 반론은 현재의 논의에서도 자주 사용되고 있다.(렘츠마 2006 참조) 오해의 여지가 많은 이 표현의 의미는 의지 자체에 대해 우리가 자유롭게 처분할 수 있느냐는 것이다. 쇼펜하우어의 비판은 이렇다. 내가 원하는 것을 할 수 있다는 의식을 하면서 나는 행위를 통해 의지를 발현하기 이전에, 결정론으로 이해할 수 있는 그 어떤 방식으로 의지에 영향을 미치는 것이 있을 수 있다는 생각을 하지 않는다는 것이다. 행위자는 "*자신의 의지 자체에 무언가가 영향을 미칠 수 있다는 것을 고려하지 않는다*"는 것이다.(362쪽 참조) 그렇기 때문에 기만적인 자기이해에 이른다는 것이다. 쇼펜하우어에 따르면 "무차별적 선택의지liberum arbitrium indifferentiae"는 의지가 다른 어떤 것이 아닌 오직 자신을 원인으로 하여 존재할 때 가능하다.(367쪽) 하지만 전면적인 동기화라는 그의 테제에 따르면 이것은 불가능하다.

쇼펜하우어는 이런 사태를 명확히 보여주기 위해 다음과 같은 생각을 해보자고 제안한다. "한번 골목에 서서 혼잣말로 이런 말을 하는 사람을 생각해 보자. '이제 저녁 6시니까, 하루의 일은 끝난 셈이지. 그럼 난 지금 산책을 할 수도 있고, 아니면 술집에 갈 수도 있지. 또 탑 위로 올라가 지는 해를 볼 수도 있고, 아니면 연극을 보러 갈 수도 있지. 그래, 이런저런 친구를 만날 수도 있겠지.

아니면 차라리 성문을 지나 넓은 세상으로 나가 다시는 돌아오지 않을 수도 있지. 다 내 결정에 달렸지. 뭘 하든 내 자유지. 그런데 그런 건 관두지. 그냥 집에나 가야겠어. 집사람에게 말이야.' (그리고 쇼펜하우어는 여기에 이런 설명을 달았다.) 그것은 마치 물이 이렇게 말하는 것과 같다. '난 큰 파도가 될 수도 있어(바다와 폭풍우 속에서 말이야). 아니면 주위를 쓸며 급물살처럼 흐를 수도 있어(강어귀에서 말이야). 아니면 자유롭게 공중으로 뿜어 오를 수도 있지(마치 분수처럼). 하지만 끓다가 사라져 버릴 수도 있어(80도 온도에서 말이야). 그래, 하지만 그런 건 관두자. 그냥 잔잔하고 맑게 이 투명한 연못에 머무를 거야.' 마치 물이 하나의 혹은 다른 특정한 원인이 등장해야 이 모든 것을 할 수 있듯이, 자기가 뭐든 할 수 있다고 생각하는 그 사람도 특정한 조건에서 할 수 있는 것 말고는 다른 것은 할 수 없다. 즉 어떤 원인이 등장할 때까지 그에게는 어떤 일을 하는 것이 불가능하다. 그는 마치 물이 그렇듯이, 해당 상황에 처하면 그렇게 할 수밖에 없는 것이다."(400쪽 이하)

이 예는 동기심리학의 사고 오류를 확연히 보여주고 있다. 쇼펜하우어는 실제로 동일한 인물이 동시에 여러 가지 가능성을 실현할 수 있다는 식의 예를 제시하고 있다. 그리고는 이 개인을 일반화 차원의 변경이라는 트릭을 사용해 물과 비교하고 있다. 다시 말해 다양한 응집상태와 활동가능성에 귀속될 수 있는 물이라는 추상적인 상위 개념과 비교하고 있는 것이다. 개별 인간과 달리 원칙상으로는 어디선가 폭포가 쏟아져 내릴 수 있지만, 지금은 연못에 잔잔하게 고여 있는 물은 같은 물이 아니다. 오직 *물 일반Wasser* *überhaupt*만이 이러한 가능성을 가지고 있다.

이런 체계적인 구성 오류만이 문제가 아니다. 쇼펜하우어는 인간의 의지에 대해서 마치 물의 상태변화와 마찬가지로 인과 요소에 의한 똑같은 종속관계를 주장한다. 그는 인간의 행위 동기를 자연적인 인과관계와 기능적으로 동일시함으로써, 인간은 자신의 동기에 대해서 물의 상태변화의 원인관계와는 다른 *관계*를 맺는다는 것을 간과하고 있다. 동화에서나 물이 "나는 이것 아니면 저것을 할 수 있지"라고 혼잣말을 하는 상황이 일어난다. 실제로는 오직 인간만이 자기 자신에게 그리고 자신에 대해 이야기할 수 있다. 우리의 동기는 강제적인 것이 아니다. 우리는 오히려 동기에 대해 곰곰이 생각할 수 있고 또 자유롭게 동기를 재볼 수도 있다. 인간의 지성인 사고는 그냥 단순히 원인이 동기로 변형되는 교차점이 아니다. 오히려 사고 속에서는 급격한 변환이 일어나 한 개인이 자발적으로 상황 전체와 관계를 맺어 거기서 스스로를 위한 결론을 도출해낸다.

쇼펜하우어 역시, 우리가 동기를 잴 때 자발성과 성찰이 작동한다는 것을 모르는 것은 절대 아니다. 다만 그는 거기서 체계적인 결과를 도출하지 않을 뿐이다. 그도 인간이 '사고능력'을 갖고 있다는 것을 안다. "인간은 숙고능력이 있으며", 그렇기 때문에 "자신의 의지에 대해서 동기로 작동하는 가시적인 현존 대상의 직접적인 강제로부터 자유로울 수 있다."(393쪽) 쇼펜하우어도 분명히 이렇게 말했다. *숙고능력이 있다는 것*, 사실 저녁 6시에 거리에서 혼잣말로 무엇을 할까 생각하며 걷는 사람이 독자에게 주는 인상이 바로 이 숙고능력이다. 이 숙고능력을 제대로 고려한다면, 우리는 이와 연관된 성찰적 처분이라는 정확한 의미에서, 언뜻 보기에 이상한 쇼펜하우어의 질문 '당신은 스스로 무엇을 원하는지도 원할 수 있는가?'에 대해 이렇게 대답해야만 한다. *그렇다. 나는 내가 무엇을 원하는지 원할 수 있다.* 즉 나는 내 의지에 영향력을 갖고 있다.

권력으로서의 의지: 니체

스스로 무도덕주의자라고 칭한 프리드리히 니체(1844~1900)는 쇼펜하우어의 주저인 『의지와 표상으로서의 세계』(1819/44)를 통해 철학적 각성체험을 했으며, 그와 마찬가지로 의지의 자유에 의심을 품었다. 물론 그는 후기 저작에서 쇼펜하우어와는 달리 부자유이론이 아니라, 의지는 자유로운 것도 자유롭지 않은 것도 아닌, 오히려 여러 힘들의 전체 역학관계에서 형이상학적으로 그리고 윤리적으로 우월한 힘으로 이해되는 권력의지 이론을 내놓았다.

니체가 명시적으로 자유의지, 행위, 책임에 대해 사고할 때면, 그는 늘 엄격한 결정론자의 입장을 취한다. 니체는 계보학적 방법을 통해 윤리적 이론의 심리학적 환원주의를 심화시킨 저작에 이르러서야 의지의 자유를 철학자의 편견으로 본 것이 아니다.(니체 1886a) 이미 「예지적 자유라는 우화」에서 그는 의지의 자유 이념뿐 아니라 책임에 대한 모든 귀속은 착각이라고 천명했다. "누구도 자신의 행동에 책임이 없으며, 자신의 본질에 대해서도 마찬가지다. 판결한다는 것은 불공평하다는 것과 마찬가지다."(1878, 63쪽) 그가 보기에 이러한 통찰이 널리 일반화되는 것을 방해하는 것은 "결과에 대한 두려움"(64쪽)이다. 여기서 결과에 대한 두려움이란, 결론적으로 인간은 사회와 그 사회를 유지하는 제도를 근본적으로 변화시켜야 한다는 것이며, 예를 들면 형법을 바꿔야 한다는 것이다.(데트레프젠 2006; 메르켈 2008 참조)

그에게 인간의 행위는 "물결이 쉼 없이 무수히 굽이돌고, 부서지는 폭포의" 예에서 확인한 것과 같다. 즉 "폭포의 매 움직임을 수학적으로 계산해내기 위해서는 모든 것이 필연적이어야 한다."(니체 1878, 103쪽) 모든 것을 알 수 있는 능력이 있는 자라면 인간의 모든 행동을 미리 계산해낼 수 있을 것이다. 자신의 행동을 자의적이라고 가정하는 것은 행위자의 환상이다. 그리고 "스스로에 대한 행위자의 이런 환상, 즉 자유의지의 가정은 마찬가지로 이 계산되어야 하는 메커니즘의 일부다."

하지만 니체는 이런 식의 수학적으로 계산 가능한 메커니즘이라는 조야한 주장에 머무르지 않는다. 니체는 권력의지 이론을 구축하면서 자신의 분석 도구를 사회학적으로 그리고 심리학적으로 세련되게 다듬는다. 그는 사회적인 경험을 자유에 대한 형이상학적인 구상으로 전이시킬 수 있다고 확신한다. "의지의 자유에 대한 이론은 *지배* 계층의 발명품이다."(1886, 545쪽) 사회적 척도에서 볼 때 니체가 의지의 자유에 대한 믿음의 배후에 있다고 생각한 것은 결국 인간의 영혼을 지배하는 권력에 대한 두 가지 경쟁적이면서도 상호 보완적인 요구이다. 하나는 『선악의 피안』(1886a)에서 말하는 "철학자의 창작"이고 다른 하나는 『우상의 황혼』(1889)에서 언급한 "신학자들의 술책"이다. 니체의 발생론적 가설에 따르면 자유의지에 대한 철학자들의 창작은 고대로 거슬러 올라간다. "'자유의지'에 대한 그리고 선과 악에 있어서 인간의 절대적 자발성에 대한"(1887, 305쪽) 무모하고도 처참한 결과를 낳은 창작은 무엇보다 상정된 관객으로서의 신들이 인간에게 관심을 갖게 하기 위해 탄생했다는 것이다. 인간의 무대에서 무언가 새로운 것이 있어야 한다는 것인데, 따라서 독창적인 철학자들이 인간을 종잡을 수 없는 가능태로, 언제든지 예기치 않았던 것이 일어날 수 있는 존재로 만들어 신들의 주목을 받게 하기 위해 자유의지를 끌어들였다는 것이다. 따라서 인간이 스스로 자유의지를 창작해낸다면, 그것은 허영, 인정 욕구 그리고 긍지이기도 하다. 인간은 이런 식으로 자신을 원인으로 여길, 즉 자의식이라는 긍지를 가지고 형이상학적으로 수식된 *자기 원인 causa sui*으로 생각할 특권을 창출한 것이다.(1886a, 35쪽)

그러나 『우상의 황혼』에서 니체는 똑같은 자유의지에 대한 이론을 정확히 반대 의도로 해석하고 있는데, 즉 인간에게 양심의 가책을 갖도록 하여 인간이 죄를 지을 수 있는 존재이기에 벌을 받아 마땅하게 한다는 것이다. 이러한 관점에서 니체에게 자유의지란 "인류를 인류적 의미에서 '책임'을 지도록 한다는, 즉 *스스로에게 종속되게 만드는 것*을 목적으로 하는 교활한 신학자들의 술책"으로 드러난다.(1889, 95쪽) 이렇게 니체는 *그가 귀책심리학*이라고 명명한 그 안에 일종의 노예화 전략이 있다고 비난한다. 이에 따르면 그리스도교에서 자유의지 이론은 "근본적으로 벌을 내릴, 다시 말해 *죄를 찾겠다*는 목적으로 발명된" 것이다. 모든 행위는 자발적이며 인간은 자유롭다고 천명될 수 있을 경우에만, 그의 행위에 대해 인간을 벌하는 것이 가능했기 때문이다.

여기서 그는 개인과 관련하여 사회적 지배의 심리적 내면화라는 역학에서 출발한다. 그것은 의지의 현상학인데, 여기서 의지는 지배와 복종의 사회적 관계의 일종으로 표현된다. 니체는 인간을 문화적으로 길들이는 과정에서 사회관계의 상하위 질서가 자기 지배의 내적 역학으로 전이된다고 보며, 이 역학 내에서 타자에 대한 외적 지배의 강도를 결정하는 조건이 완성된다. "우리의 육체는 사실 많은 영혼들의 사회적 구성물일 뿐"이라고 니체는 설명하면서,(1886a, 33쪽) 사회적 권력관계를 유추해서 의지 행위의 정신적 역학을 해석했다. "*의지를 행사하*는 인간은 자신에게 복종하는 혹은 복종한다고 생각하는 그 무엇을 누군가에게 명령한다."(32쪽) 이렇듯 그의 분석에 따르면 모든 의지의 경우에 "많은 '영혼들'의 사회적 구성물에 [···] 기초한 명령과 복종"이 관건이다. 그리고 우리가 의지의 자유라고 부르는 것은 "근본적으로 복종당하는 사람과 관련한 우월 감정이다."(32쪽)

이러한 가설을 통해 니체가 말하고자 하는 것은 인간의 자기이해와 방향설정은 권력 요구들의 갈등의 장, 즉 개별 주체로부터 출발하여 사회적으로 발현되는 권력과 객체로서의 개별 인간을 겨냥한 사회적 권력의 요구가 부딪히는 갈등의 장에 노출되었다는 것이다. 이렇게 (인간의 자기의식의 상승에 맞춰진) 철학적으로 각인된 내용과 (인간의 자기의식의 가치절하에 맞춰진) 신학적으로 각인된 내용을 통해 우리는 모순 역학의 객체이자 결과물로서의 서구인들을 생각할 수 있다. 문화에서 인간에게 작용하는 이 상반된 경향은 '인간의 의지는 자유롭다'는 방법론적 가정에서 만난다. 하지만 이 상반된 경향은 인간을 모든 가능한 지배에 대해 고분고분한 객체로 취급할 수 있다는 착각으로 이어진다.

기독교 문화에서 쇠락한 삶의 표현인 퇴폐의 형식을 인식한 니체는 삶의 자유로운 계발이라는 관심에서 촉발된 자신의 시대적 과제는 인류를 책임과 자유의지라는 이념의 질곡으로부터 해방키는 것이라고 보았다. 그는 면죄 사상에 *위대한 해방*이 있다고 본 것이다. 인류에게 잃어버린 *생성의 결백*을 되돌려주기 위해서는 인류의 잠재성을 차단하기 위해 양심의 가책을 갖지 못하도록 설득해야 한다. 니체는 인간의 형이상학적인 그리고 신학적인 요구불가능성Unbelangbarkeit에 초점을 맞춘다. 이를 위해 그가 동원하는 것은 필연성에 대한 통찰이다. 니체가 끊임없이 "우리는 필연적이며, 한 조각 운명이며, 전체에 속하며, 전체 속에서 *존재한다*"라고 주입하는 것은 무엇보다도 해방적 인식의 촉진을 목적으로 한다. "우리의 존재를 심판하고, 재고, 비교하고 판결할 어떤 것도 존재하지 않는다."(1889, 96쪽) 이렇게 인간은 전체의 한 요소로서 이 전체를 지배하는 삶의 역학의 담지자이자 대표자다. 삶은 그 모든 형식에 있어서 *권력의지*이며 그 외에는 아무것도 아니다. 그리고 인간은 자유의지도 부자유의지도 없으며 다른 모든 개별 생명 형태와 마찬가지로 권력의지를 가지며, 이는 각각 개인별로 정도의 차이만 있을 뿐이다.

하지만 니체는 자신의 해방 열정을 통해 분명히 결정론을 다시 뛰어넘고 있다. 인간이 해방되어야 하는 이유는 자기 자신의 힘, 자기 신뢰를 위해서이며, 이는 전통의 편견에 맞서 자기 자신의 가치를 세우며, 앞으로 삶이 전개될 스스로 정한 미래로 박차고 나가는 것이다. 생성의 결백을 향한 해방이 외부 규정의 역학 속에서 소멸되지 않으려면 아르키메데스의 기점archimedischer Punkt을 필요로 한다. 니체는 자기규정Selbstbestimmung에 대한 요구를 *자유정신* 개념에서 파악하며, 이 개념의 빛을 받아 *자유의지가 재획득*된다.

새로운 하늘과 땅 그리고 무엇보다도 새로운 인간과 관련하여 페르시아 종교의 창시자의 가면을 쓴 차라투스트라의 입을 빌려 니체가 한 발언에서 우리는 자유정신, 그것의 독립, 주권 그리고 힘에 대한 결정적인 내용을 파악할 수 있다. 차라투스트라는 자유정신의 대변인이다. 그의 발언에서 의지의 자유에 대한 생각은 당연히 결정론의 축적 내용과는 다른 조명을 받게 된다. 자유의지를 뿌리째 부정한 다음 여기서 그것의 부활과 가치절상이 이루어진다. 차라투스트라는 스스로를 "지속적 의지의 주인"이라 칭하고,(1884, 204쪽) 같은 뜻을 가진 이들을 찾아나가는 것을 이렇게 표현한다. "자신에게 의지를 부여하고 절대 체념하지 않는 모든 이들이 나와 같은 이들이다."(215쪽; 216쪽도 참조) 그가 인간에게 전수시키려고 하는 "새로운 긍지"에 대해 말할 때면 이는 당연히 자기원인이고자 하는 옛 긍지에 맞닿는다. "인간이 맹목적으로 지나간 이 길을 원하며 이를 찬양하노라."(1883, 37쪽)

결정론과 씨름을 할 때 어떤 일이 벌어질 수 있는가가 니체의 경우에서 분명히 드러난다. 어떤 사상가가 행위자의 자기이해를 고려하고, 대체 생각, 질문, 숙고, 결정, 언술 혹은 행위가 무엇을 의미하는지를 곰곰이 생각하기 시작하면, 그는 결정론을 견딜 수 없게 된다.

충동 의지: 프로이트

니체의 심층심리학의 영감을 받은 심리분석에서는 영혼의 자체 역학 및 그것이 인간의 고통에서 차지하고 있는 부분을 발견해내는 것과 영혼의 삶에서 *무의식* 부분에 대한 방법론적 연구가 결합되어 있다. 지그문트 프로이트(1856~1939)는 의학자로서 인간의 심리에 대해 일차적으로 자연과학적으로 접근하는데, 이 접근법은 사실 언어 해석이라는 정신과학적인 방법으로 심리의 자체 역학을 다룬다는 점에서 방법상으로 변형되기는 했지만, 인간을 충동본질로 보는 명백히 결정론적인 그의 이론에 지속적으로 토대를 이룬다. 우선 꿈의 해석과 그리스 신화가 생산적인 해석 도구로 작동하는 심리분석적 방법과 (한 번도 포기한 적 없는) 초기부터 드러나는 *감정의 화학 작용*에 대한 관심으로 표현되는 물리주의의 긴장관계는 숨겨진 상태로 지속되고 있다.

프로이트에 따르면 인간은 자신의 충동에 의해 규정된 존재다. 프로이트의 영혼이론은 충동적 삶을 현실에 맞춰 조정하는 기관으로서 영혼*(이드, 자아, 초자아)*의 구성과 기능에 대한 이론이다. 애초에 오로지 성적 충동만을 가정한 초기와 달리 프로이트는 이론적 완숙기에 이르러서는 똑같이 근본적이기는 하지만 정반대로 작동하는 두 가지 충동을 들고 있는데, 그 상호작용이 인간을 규정한다는 것이다. 그는 이것을 에로스(사랑 충동)와 타나토스(죽음 충동)라고 부른다. 이것들의 본질적인 특성은 성적 충동과 공격 충동이다. 심리적 고통의 분석을 통해 프로이트는 이 밖에도 인간의 심리를 지배하는 쾌락원칙과 현실원칙 간의 대립이라는 구상을 도출한다.

인격성Persönlichkeit의 충동 저장소는 프로이트가 "우리의 존재에서 비인격적이며 소위 자연필연적인 것"(프로이트 1923, 251쪽)이라고 표현한 이드이다. 그는 이것을 전체 심리적 역학의 어둡고 혼돈스러운 기원으로 이해하고 있다. 이러한 충동의 기저에서 외부세계와의 대결이라는 필요를 통해 현실통제의 기능으로서의 자아가 성립되며, 또 자아로부터 다시 내면화된 권위를 통한 규범적 정향의 심급으로서의 초자아가 구성된다. 여기서 프로이트는 외적인 적응 압력에 의한 내적 분화라는, 즉 현실과의 접촉을 통해 도전을 받는 기능들이 자립화함으로써 복잡성이 증대된다는 진화생물학의 영향을 받은 생각을 따라가고 있다. 충동은 만족을 지향하며, 가능한 충족과 거부의 총합으로서의 현실은 충동존재에게 무제한적인 크기의 적응능력을 요구한다. 그 발전된 형태에서 자아는 현실과 심리 사이를 매개하며, 동시에 조정 장치로서 갈등의 해소를 위한 일련의 전략을 개발하여, 인격성의 방어기능 및 의식적인 대결의 힘을 드러낸다. 심리적 역학의 제3의 심급인 초자아에 대해서 프로이트는 그것이 자아 안에서 자기관찰, 자기통제 그리고 자기비판의 기능을 한다고 가정한다. 그것은 양심과 이상理想 형성의 능력을 가지고 있다. 또한 그것은 내면화된 아버지의 권위를 표시하는 심급이다.

이러한 심리적 기능의 시나리오에서 자유의지가 차지할 자리는 없다. 사실 프로이트(1929)가 자체의 충동본능과 행위 공간의 획득을 포함한 자연의 강제로부터의 해방이 결정적인 역할을 하는 인간의 문화에 이르기까지 충동역학의 규제를 위한 심리분석 메커니즘의 타당성 요구를 일반화하기는 한다. 하지만 의지의 자유는 이 모든 것과 아무 관계가 없다. 프로이트는 이미 당대의 자유의지 논쟁에 기본적으로 완고한 물리주의자로서 참여한 사람이다. 사실 그가 간혹 "의지"라는 표현을 사용하지만, 그에게 의지는 자아에 의해 통제된 충동역학의 단순한 수행기관이다. 프로이트는 철저하게 심리적 결정론을 대변하였으며, 이미 초기부터 모든 행위는 예외 없이 동기에 의해 주도된다는 자신의 명제를 세분화시키고 있다. 프로이트(1901)는 무의식에서 나온 동기 모델을 의식에서 나온 동기를 통해 보완하면서도 결정론의 성격을 전혀 의문시 하지 않았다.

『심리분석 입문 강의』(1917, 42쪽; 104쪽도 참조)에서 프로이트는 "심리적 자유라는 환상"을 언급하면서 과학적 결정론자로서 이에 대해 "극도의 거부감"을 표시했다. 그가 보기에 자유의지를 주장하는 것은 전략적인 연출을 통해 복잡한 심리적 수행을 담고 있는 은폐된 메시지 중 하나인데, 이에 대한 해석이 그가 심리분석을 통해 이룩한 가장 탁월한 성취다. 이에 따르면 "자유의지라는 환상을 산출하는 것은 바로 억압된 의지의 결정이다."(1920, 248쪽) 의식이 인식하는 것은 거부, "모멸감Kränkung"과 병행하는 무의식적인 과정에 대한 반응 형성의 의미에서 바로 실제로 진행되는 것과는 정반대다.

이미 초기 저작인 『일상생활의 심리병리학』(1901)에서 프로이트는 자기가 관찰할 때 특히 사소한 결정에서 자주 나타나는 "다른 식으로 행동할 수도 있었을 텐데"라는 "확신감"을 이 방식으로 해석했다. 인간은 중요한 의지 결정 사항에 대해서는 분명히 달리 방법이 있을 수 없다는 점에 아무런 반발을 하지 않는 반면에, 사소한 것에 대해서는 자신의 자유의지에 큰 가치를 둔다는 것이다. 이것을 어떻게 이해할 수 있을까? 앞에서 언급한 무의식에서 나온 동기와 의식에서 나온 동기의 구분에 따르면 중요한 의지 결정은 의식으로부터 동기가 주어진 것이어서 인간은 이 동기를 용인하는 데는 아무런 반기를 들지 않는다. 하지만 사소한, 차라리 무관심한 의지 결정에서는 반대로 심리분석적인 연구대상인 바로 그 감정, 즉 "자유의지에 대한 확신감", 즉 결정적인 것은 무의식에서 진행된다는 감정이 등장한다.(1901, 282쪽 이하) 프로이트는 심리분석을 개발하여 무의식적 과정에 대한 간접적인 표현 형태를 밝혀내는데, 이때 간명하게 범죄수사의 해석학적 양상이 드러난다. 이에 따르면 의식에서 나타나는 모든 것은 늘 일단 심층차원이 표면으로 드러난 것으로 해석된다. 따라서 프로이트는 감정을 진지하게 생각하지만 그것을 있는 그대로 받아들이지는 않는다. 감정의 발현에서 프로이트는 행위자에 대한 명제 내용과 정반대의 것을 추론한다. 명백히 자유의지를 방법상 정반대로 설명할 수 있는 표현으로 주장하려는 의도에서 프로이트는 심리분석적 방법을 사용하여 자신의 결정론적 확신의 근본적 성격을 잘 보여주고 있다. 늘 반복해서 심리분석에 대해 제기되던 문제의 긴박성은 이로 인해 명확해진다. 즉 치료적 의심의 해석학을 인간의 자기이해를 밝히기 위한 무소불위의 접근방식으로 만드는 것이 의미 있는 것인가, 아니 방법론적으로 합당한 것인가?

프로이트가 마침내 문화를 다룰 때도, 파괴적인 자연의 힘(승화되지 않은 충동도 여기에 속한다) 앞에서 인간의 생명을 지키려는 문화적 성취와 가치의 목록에는 노동의 조직과 효율화에서 청결 그리고 아름다움의 가치에 이르기까지, 우리의 생명을 우리의 동물 선조와 구분해주고 우리에게 삶의 가치를 주는 모든 것이 포함되어 있다. 프로이트의 설명이 문화 안에서 인간은 자신의 삶을 영위하기 위한 행위 공간의 획득을 지향한다고 하지만, 여기서 자유의지를 찾는 것은 헛된 수고다. "개인의 자유는 결코 문화에 속하지 않는다. 그것은 문화가 생기기 전의 일이다."(1929, 455쪽) 만인을 위한 균등한 문화발전이라는 관심에서 프로이트는 바로 *자유의* 제한을 정의의 계율로 간주한다. 프로이트는 "인간의 본성을 흰개미의 본성으로 바꿀 수" 없고, 오히려 인간은 "늘 대중의 의지에 대항하여 개인의 자유에 대한 요구를 방어하려고 하기에", 문화의 과제는 "개인들의 요구와 문화적인 대중의 요구 사이의 균형을 찾는" 것이라고 한다.(1929, 455쪽 이하) 비록 규제하려는 의도이기는 하지만, 여기서 *개인의 자유*라는 사실이 확인된다. 하지만 그렇다고 그것이 의지의 자유에 대한 회의를 수정한 것은 아니다. 프로이트가 여기서 말하는 것은 방해 받지 않고 자신의 목적을 실현하려는 *충동의 자유*이며, 그는 단지 *행위의 자유* 중 매우 특별한 변종에 대해서만 정당성을 용인한 것이다.

신경학적 결정론

의지의 측량: 리벳……

의지의 자유에 대한 최근의 논쟁은 1985년 신경생리학자 벤자민 리벳의 실험연구 이후 본격화되었다. 그 사이 이미 유명해진 그의 실험은 실험에 참여한 사람들이 3초 안에서 자신이 정한 시점에 한 손가락을 움직인 다음, 스톱워치를 사용해 언제 정확히 이 동작을 결정했는지를 제시하는 것이었다. 동시에 결정과정에 작동하는 뇌의 부위에 대해서 전압을 측정했다. 결과는 명백했다. 뉴런은 행위 결정을 의식하기 몇백 밀리초에 앞서서 이미 활동을 시작한다는 것이다. 즉 뇌는 실험 참여자가 손가락을 움직이는 행위를 의식하기 전에 의지과정에 착수한다. 의지는 뇌에 의해 가동된 행위가 발생하고 나서 350에서 400밀리초가 지나야 일어난다는 것이다.(리벳 2005, 173쪽; 181쪽도 참조) 이로서 실험자에게 분명해진 사실은 인간이 결정을 내리기 전에 뇌가 '행동한다는' 것이다. 리벳은 여기서 1965년 일련의 실험을 통해 비슷한 측정치를 보여주었던 코른후버와 데케와 마찬가지로(코른후버/데케 2007 참조) 뇌 부위의 '준비 잠재성'에 대해 밝히고 있다. 즉 행위 의도가 의식되기 전에 행위가 확정된다는 것이다.

이 실험의 결과가 관련된 자유의지의 가정은 의식이라는 기준에 달려 있기 때문에 측정치의 해석에 있어서 모든 것은 의식에 대한 문제로 집중된다. 의식이란 통상 우리가 자유의지라는 말로 이해하는 어떤 것의 필요조건이다. 그런데 행위자가 인식하기 전에 뉴런 세포가 이미 활동을 하고 있다는 것이 밝혀지면, 이것은 뉴런의 결정은 무의식적으로 일어나며 따라서 자유의지에 따라 진행되는 것이 아니라는 말이 된다.

『자아와 뇌』의 저자인 노벨의학상 수상자 존 에클스의 제자인 리벳은 전기적 준비 잠재성의 측정 실험에서 일종의 '의지의 돌입'이 선행할 것이라는 기대에서 출발했다. 하지만 그 반대의 결과가 드러났다. 준비 잠재성이 '의지의 돌입'에 선행한 것이다. 따라서 그는 우리의 의지는 우리 뇌 속의 무의식적인 과정에 의해 조정된다는 결론을 끌어냈다. 나중에 뇌 연구가 볼프 싱어가 표현한 것처럼(가이어 2004) 우리의 행위를 규정하는 것은 "뇌 속의 연결회로"이다.

이 해석이 맞는다고 가정한다면, 의지는 뇌의 과정에 의해 결정된다. 즉 우리가 무엇을 원하든 간에, 우리로서는 달리 방법이 없다는 것이다. 따라서 단 하나의 타탕한 결론은 의지의 자유를 환상으로 이해하는 것이다. 우리는 자유롭지 못하다. 뇌 생리학자 게르하르트 로트(2002)의 결론도 마찬가지다. 게다가 그는 감정의 반응을 담당하는 뇌의 부위인 둘레계통limbic system의 활동을 근거로 다음과 같이 덧붙이고 있다. "*우리는 우리가 자유롭다고 느낀다.* 하지만 우리는 그렇지 않다."(로트 2003) 책임감에 대해서도 마찬가지다. 즉 우리는 그것을 느끼기는 하지만, 실제로 우리가 가지고 있지는 못하다.(이 책 3장, 116쪽 이하 참조)

이 실험의 결과가 의미하는 것은 무엇일까? 앞에서 언급한 신경과학자들이 도출한 결론은 맞는가? 리벳의 실험은 정말 자유의지의 가정에 반대하는 무언가를 증명하고 있는가?

주목할 만한 것은 우선 리벳 자신은 싱어나 로트처럼 급진적이지 않다는 것이다. 우선 그의 결론은 온건하다. 그는 다음과 같은 사실을 확인할 뿐이다. 즉 의지가 행위를 야기하지는 않는다는 것이다. 의지의 기능은 오히려, 행위를 *조정하고* 그것이 완결되는지 여부를 *결정하는 것*이다.(리벳 2005, 175쪽) 리벳은 의식된 의지가 행위에 가하는 역할을 특히 '의식적 거부', 즉 행위의 충동을 억압하는 것에 있다고 본다.(177쪽) 리벳에 따르면 우리는 "뇌에서 분출된 무의식적인 주도권"에 의해 의지의 행위들이 야기된다고 정리할 수 있으며, 그렇기 때문에 의지에는 이 행위들 중에 어떤 것을 선택하는 기능이 주어진다는 것이다.(179쪽; 183쪽도 참조)

헬름리히가 백화점에서 물건을 훔친 상점 절도범의 예로 설명한 리벳의 거부이론을 살펴보자. 결정론자들의 입장을 따른다면, 절도범이 다른 식으로 행위할 수도 있을 것이라는 점은 논의의 대상이 못 된다. 물건에 손을 대고 절취하는 행위는 리벳의 실험에 나오는 몇 초 안의 일이다. 결정의 번복은 이렇게 나타날 수 있다. 절도범이 물건을 훔쳐 주머니로 집어넣으려 하는데 뒤에서 소리가 나자, 그의 *의지 거부 신호*가 작동한다. 순간 그는 훔친 물건을 쥐고 있는 손을 들어 마치 물건을 이리저리 살펴보려고 하는 것처럼 꾸미고는 다시 진열대에 물건을 올려놓고, 매장을 나선다.(가이어 2004, 95쪽) 절도에서 '준비 잠재성'은 이미 작동을 했지만, 이 잠재적인 절도범은 자신의 행위를 조절할 수 있었고 따라서 중도에 포기한 것이다. 하지만 헬름리히가 든 예가 정말 신경학적 결정론에 대한 반론이 될 수 있을까?

준비 잠재성이 작동하고 행위가 야기된 상태에서 최종 실행에 옮기기 100밀리초 이전에는 의식적으로 거부가 가능하다는 리벳의 구성 체계는 의심을 받고 있다. 만일 신경과학적 실험방식의 틀 내에서 어떻게 이런 거부 현상이 작동하는지가 명확히 밝혀지려면 그 이전의 의지 결정에 대한 것과 마찬가지로 같은 종류의 신경학적 유발요인 역시 가정되어야 한다.(단토 1985; 메르켈 2008, 95쪽 참조) 다시 절도범의 예를 들어 설명해 보자. 원래 의도된 행동과 관련해서 사실 순수하게 형식적으로는 절도범이 다른 식으로도 행동할 수 있다는 점은 타당하다. 하지만 새로운 자극, 즉 혹시 뒤에서 절도 행위를 목격하고 있는지도 모르는 자가 소리를 내자, 이제 모든 것을 결정짓게 될 새로운 신경학적 유발상황이 시작된 것이다. 따라서 거부라는 구성체를 가지고 자유를 구제해낼 수는 없다.

리벳의 실험에 대해서는 보다 근본적인 의문사항들이 있다.(파우엔 2004, 196-209쪽; 가이어 2004; 하버마스 2004; 회페 2006; 뢰슬러 2008 참조) 이미 초기부터 그의 실험방식에는 자유 행위를 염두에 둘 어떤 기회도 없다는 반론이 제기되었다.

1. 대체 전기로 측정된 준비 잠재성을 어떻게 해석할 것인가? 그것이 실제 의지 행위의 알림이라고 이해할 수 있는가?

2. 실험에서 측정되는 것이 자유 행위의 경우라고 할 수 있을까, 그것이 정말 행위인가? 무조건 3초라는 주어진 시간 내에 원할 때 손가락을 구부리도록 확정된 실험 대상자에게 정말 다른 행위의 대안이 주어져 있느냐는 문제는 그냥 넘어가기로 하자. 이 문제를 다루면 아마도 자유 행위의 기준을 위한 가능성들 사이의 선택을 해명할 수 있을 터인데, 이 규정 역시 논란이 만만치 않다.(이 책 3장, 114,

115쪽 참조) 하지만 주어진 지침에 따라 손가락을 구부리는 단편적이고 고립된 행동이 어느 정도까지 정말 행위로 간주될 수 있느냐 하는 문제는 여전히 남는다. 우리의 관심을 끄는 대상들의 최소한의 장치를 갖춘 인위적으로 구성된 실험 상황에서 우리가 알려고 하는 것을 경험할 수 있을까? 일상생활에서 행위라는 것은 복잡한 그 무엇이다. 즉 하나의 행위란 의도의 실현이며, 여러 원인들이 갖는 원칙적이고 상황적인 설득력을 근거로 일련의 숙고 내용들이 복잡하게 진행되어 나온 결과이다.(하버마스 2004, 873쪽) 따라서 손가락을 구부리는 고립된 신체의 운동이 행위의 경우로 간주될 수 있을지는 의심해보아야 한다.

3. 무엇이 측정되는가? 손가락의 움직임이라는 실험 대상이 측정되는 것이 아니라면, 어쨌건 전체 실험 규정을 하나의 행위로 볼 수도 있을 것이다. 실험의 진행에서는 엄격하게 보자면 어떤 결정도 내려지지 않는다. 다시 말해 오히려 결정은 이미 내려진 상태다. 실험 대상자들은 실험 참여를 결정했으며, 이런저런 지시를 받았고 고도로 인위적인 절차를 그대로 따랐다. 이를 실험 대상자들의 의식적 행위라고 볼 수 있지만, 손가락을 구부리는 일차원적 신체 운동을 행위라고 할지는 의심의 여지가 있다.(브라이트마이어 1985; 가이어 2004, 94쪽 참조) 따라서 리벳의 실험 결과가 발표된 바로 직후에 벌어진 논쟁에서 한마디로 요약된 다음과 같은 핵심적 평가를 간과해서는 안 된다. *리벳의 실험은 자유에 대한 실험이 아니라, 반응 시간에 대한 실험이다.*(브리지만 1985)

이후의 결과들

신경생리학적으로 의지를 논박하는(리벳의 실험 이외에도) 논쟁에서 철학자들에 의해 제기된 수많은 반박은 세 가지 논거로 정리될 수 있다. 우선 신경생리학적 관점의 *과도함에 대한 비난*이다. 이것은 *불충분한 결론을 논거로* 삼은 것이다. 이에 따르면 실험 결과는 결정론자들이 추론하고자 하는 것을 증명하기에는 불충분하다. 모든 숙의의 그리고 감정적인 과정이 완벽하게 신경학적으로 기술되고 설명된 다음에 예측가능하다는 것이 증명된다면 자유에 대한 논박의 결론이 설득력을 가질 수 있을지 모른다.(니다-뤼멜린 2005, 165쪽) 니다-뤼멜린은 결정론적 시스템에 있어서 설명과 예측의 구조 동일성에서 도출될 수 있는 예측가능성을 기준으로 삼고 있다. 나아가 그는 수학적 자연과학에서 무소불위의 통제라는 비유적 구성물인 그 유명한 라플라스의 악마를 끌어들여 결정론의 규정을 상기시키고 있다. 다들 알다시피 라플라스의 악마는 작동하고 있는 원인으로서의 과거의 사실들을 근거로 모든 시점에 발생하는 자연법칙을 예외 없이 확정 지을 수 있다는 것이다. 이를 신경과학에 대입시키면, "환경의 작용과 함께 유전적 장치는 시간의 경과에 따라 모든 시점에 뇌의 상태를 분명하게 확정 짓는다는" 것을 증명해야만 한다. 이 증명이 끝나야만 결정론적인 설명의 완벽성이 보증된다는 것이다.(165쪽) 하지만 아직 신경과학이 그러한 증명을 제시했다는 말은 듣지 못했다. 이 점에서는 많은 철학자와 학자들의 견해가 일치한다.(특히 슈투르마 2006 중 팔켄부르크 글과 마니페스트(선언문) 2004 참조) 따라서 현재로서는 신경생리학 중 특히 예측가능성과 관련해서는 "우리의 일상

심리학보다도" 훨씬 보잘것없다는 것이 중론이다.(니다-뤼멜린 2005, 170쪽 이하) 자연과학 역시 전면적이며, 전방위적인 결정론을 전제할 능력이 전혀 없으며, 오히려 부분적인 결정론적 시스템에 지나지 않는다.(빌라셰크 2005, 88쪽, 3단)

특이한 점은 벤자민 리벳 역시 같은 생각을 하고 있다는 것이다. 그는 자신의 실험을 통해 결정론이 절대로 증명된 것이 아니라는 점을 인정하고 있다. 실험의 결과는 인간이란 사전에 모든 것이 정해진 일종의 로봇이라는 것을 주입하려는 자들이 기대고 있는, 과학적이라고 주장되는 결론의 "감춰진 임의의 가정들"일 뿐이다.(리벳 2005, 197쪽 이하) 리벳에 따르면 "주관적인 현상이라는 범주와 물리적 현상이라는 범주 사이에는 해명할 수 없는 간극"이 존재한다.(195쪽) 신경과학적 자료를 근거로 우리가 행위자로서의 실제 자기이해를 포기한다는 것은 어리석은 짓이라는 것이다.

두 번째 논거는 *이론의 방법론적인 모순*에서 기인한다. 우선 정당한 비난부터 들어보자. 우선 뇌 생리학자들은 자신들의 결정론적인 결론 도출에 있어 그들이 "자유의 부재를 자연적인 소여상태에서 이끌어내려고 한다는 점에서" 자연주의적인 추론의 오류를 범하고 있다는 것이다.(레키 2006 중 회페, 85쪽) 자주 제기되는 또 다른 비난은 이 입장의 *자기모순성*인데, 우리들을 분명하게 규정짓고 있는 것이 뇌에서 세포 간의 결합이라는 뇌 생리학자들의 주장이 참이라면 우리는 이 주장을 거두어들일 아무 이유가 없다. 왜냐하면 그들의 주장은 자신들에게도 해당되는데, 자신의 주장이 무슨 뛰어난 근거가 있어서가 아니라, 그렇게 할 수밖에 없기 때문에 나온 것이라면, 그런 대화 상대방의 주장을 인정하는 데 무슨 다른 이유가 있을 수 있겠는가? 이 부분은 *수행적 자기모순*이라는 비난으로 잘 요약될 수 있다. 신경생리학자들은 마치 자신들의 이론에 따르면 아무것도 할 수 없는 것처럼 행동한다. 만일 그들이 자신들의 결정론 이론을 진지하게 생각한다면, 그들은 아무런 논증도 할 수 없게 된다. 논증이란 근거를 교환하고 서로 재보는 것이며, 따라서 그 자체가 이미 자유로운 행동이다. 자신들의 결과에 의존하는 뇌 연구가들은 다른 사람들에게 이해시키려는 자신들의 근거를 주장하는데, 이렇게 되면 이미 자신과 상대방에게 스스로의 견해에 대한 자유를 전제하는 셈이 된다.(이 책 3장, 109쪽 이하 참조) 하지만 그들의 근거가 "이미 결정된 인과적인 뇌 생리학적인 과정의 사후 합리화라면", 그들의 증명은 아무런 의미를 갖지 못한다.(니다-뤼멜린 2005, 169쪽 이하) 다시 말해 뇌 생리학자들은 과학적인 토론에 더 이상 개입할 수 없게 된다.

하지만 문제는 수행적 자기모순만이 아니며, 논증적 진술 자체의 차원에서도 모순과 불일치가 나타난다. 극명한 예로 볼프 싱어(가이어 2004)의 대중적인 논문 제목을 들 수 있다. 「세포 간의 결합이 우리를 규정한다. 우리는 자유에 대해 언급하는 것을 그만두어야 한다.」 "우리는 해야 한다"라는 명령법 표현을 쓰는 이 저자는 규범적으로 논증하고 있는 것이다. 우리가 해야 할 것을 제시하면서, 그는 우리의 통찰에 호소한다. 즉 우리가 할 수 있는 것, 해야 하는 것을 필연적으로 내포하고 있으며, 그것도 다른 것이 아니라, 우리의 통찰을 통해서 가능하다고 한 것이다. "해야 한다"는 표현은 누군가가 다른 식으로 할 수 있다는 것을 포함하고 있다. 세포 간의 결합이 나를 규정짓고 있다면, 나는 그것이 내가 하는 것과 다른 것인 한에 있어서, 내가 해야 하는 것을 할 수 *없*거나, 혹은 당위라는 것이 내가 어쨌든 이미 하고 있는 것을 표현하고 있는 한에서 내가 해야 하는 것*만*을 할 수 있다. 그렇게 되면, 해야 한다는 표현은 동어반복인 중복 표현이다. 결국 결정론자들은 자신들이 그 근거를 제거해 버렸음에도 당위에 대해서 이야기하고 있다.(이에 대해서는 싱어 2002, 192쪽 이하 참조) 규범적 언술은 다른 많은 언술 부분의 한 예이다. 따라서 일관된 신경결정론을 주장하려면, *전적으로 새로운 언어를 발명*해야 한다.

이제 결정론적 입장의 자기모순성을 논증하는 데 사용된 반론에 대해서 결정론적 주장의 참과 거짓 여부에 대해 결정하는 것은 결정론자들의 수행에 있어서의 자기모순성이 아니라는 이의가 제기될 수 있다.(메르켈 2008, 37쪽 이하) 사실 다음과 같은 부분은 용인되어야 한다. 즉 결정론자들의 입장은 앞에서 기술한 의미에서 자기모순적일 수 있지만, 그럼에도 그들의 주장은 사실에 부합할 수도 있다. 세계가 그런 식으로 아니면 다른 식으로 구성되었는지 여부는 수행적 자기모순성을 증명한다고 해서 결정될 수 있는 문제는 아니라는 것이다. 그럼에도 다음과 같은 논거를 진지하게 생각할 필요가 있다. (수미일관되게) 언표될 수 없는 진리라는 것이 있을 수 있는가? 전적으로 새로운 언어를 발명하는 것이 명백히게 불가능하다는 점을 염두에 둔다면, 이 논거는 효력을 갖는다. 비록 결정론적 입장의 *자기모순성으로부터 그 입장이 거짓이라는 것을* 도출해낼 수 없다 하더라도, 그것은 *그들 입장에 내재한 문제점에 대한 지적*이다. 그 토대에서부터 일관된 자기이해와 삶에 대한 이해가 결여된 이 같은 결정론자들의 주장에는 뭔가 맞지 않는 구석이 있다. 따라서 수행적 자기모순이라는 논증은 최종적은 아니더라도, 예비지식적 성격을 갖는다고 볼 수 있다.(이 책 5장, 150쪽 참조)

이렇게 해서 이미 준비된 세 번째 반론은, 결정론이란 *인간 실천의 자기이해*와 모순된다는 것이다. 자유를 제거함으로써 그 토대가 없어지는 것은 단순히 형법체계뿐 아니라, 정치와 사회에서 성숙한 시민으로서 사회적 그리고 사적 모든 연관관계에서 책임을 부과할 수 있다는 인간 자신에 대한 이해 전체가 흔들리게 된다. 만일 우리가 자신과 다른 사람들을 더 이상 자유롭지 못한 것으로 파악할 경우, 우리의 언어와 마찬가지로 우리의 전체 삶의 실천은 근본적으로 그리고 모든 세세한 부분까지 변하게 될 것이다. 그리고 이렇게 변한다면 여전히 인간에게 의미를 갖는 어떠한 것도 제기되지 못한다. 미래가 어떤 식으로 보일지 여부는 자유가 없는 인간에게는 아무 관심의 대상이 아니며, 따라서 미래의 모습에 대해 입장을 표명한다는 것은 이미 망상에 다름 아닐 것이다.

에라스무스가 성서의 신과 그 말씀의 수신인과의 관계에 대해서 말한 것은(이 책 36쪽 참조) 인간들 간의 그리고 인간이 자기 자신에 대해 갖는 관계에도 해당된다. 만일 인간관계에서 모든 것이 사전에 확정되어 있다고 가정한다면, 인식과 행위를 통해 근거들을 재량하고 논거를 통해 다른 이들을 설득하고자 하는 것과, 타인들에게 무언가를 약속하고, 감정을 상하고, 질책하고, 감사하는 모든 것은 그 의미가 없어질 것이다. 따라서 결정론의 선택권은 "강단의 학문적인 선택 사양으로 남게 되어, 마치 타자의 영혼에 대한 회의와 같은 근본적인 회의론 혹은 유아론과 비슷한 위치를 갖는다."(니다-뤼멜린 2005, 41쪽; 빌라셰크 2005, 52쪽, 3단 참조)

게르하르트 로트와 볼프 싱어 같은 신경과학자들의 근본적인 출발 전제를 따르게 되면, 우리들의 행위의 모든 양태는 그 토대를 뇌 생리학적인 과정에 두고 있다는 입장에서 시작해야 한다. 다른 것을 기대할 수 있을까? 하지만 (물적 토대와 마찬가지로) 신경 토대에 대해 언급하는 것은 모호할 뿐 아니라, 진술의 설득력도 약하다. 그것은 우리의 행위가 뇌 생리학적 과정에 의해 *전적으로 결정된다*는 것을 진술하지는 않는다. 상관관계 개념 역시 마찬가지다. 토대와 상관관계는 원인과 같은 말이 아니다. 다른 말로 하면, 우리는 어떻게 환원주의와 필연적인 전제의 주장을 서로 구별할 수 있을까?

철학자들이 근거가 자유로운 행위의 정향심급이라는 이유로 요구하는 타당성에 대해(이 책 3장, 101쪽 이하 참조) 때때로 제기되는 반론은, 근거 주장의 무기력함은 아직까지 누구도 어떻게 근거가 행위를 위한 근육운동의 원인이 될 수 있는지 보여주지 못했다는 것이다.(메르켈 2008, 45쪽 이하) 리벳(2005, 195쪽)이 인정한 "주관적 현상이라는 범주와 물리적 현상이라는 범주 사이의 간극"은 앞의 반론뿐 아니라 다음에도 해당된다. 즉 사실 리벳, 싱어 그리고 로트 이후로 논의에서 빈번히 포괄적으로 전제되고 있는 것은 이제 우리의 모든 행위가 신경과정에서 완전히 규정되고 있다는 점이다. 하지만 이것은 뇌 연구에 주어진 약자보호 특허권salvatorische Lizenz일 뿐이며, 이에 대해서는 아직 어떤 신경과학자도 *어떻게 신경상태가 행위자의 타당성 있는 근거가 되는지*를 보여주지 못했다는 반론이 제기되고 있다.

신경과학자들이 우리에게 여전히 답을 해줘야 하는 문제가 있다. 우선 뇌는 "진화적으로 설명가능한 것이다." 이는 또한 뇌의 기능은 발전사적으로 재구성이 가능하다는 장점을 근거로 설명가능하다는 것을 말한다. 따라서 이제 자유의지라는 '환상' 역시 뇌의 기능으로 환원되어야 한다. 그리고 또 뇌가 늘 '진화적으로 설명가능한' 것인 한에 있어서는 이 '환상'의 가치 역시 밝혀져야 한다. 즉 우리의 뇌는 무엇 때문에 그리고 우리는 무슨 이유로 이러한 환상을 필요로 하는가? 신경생리학은 생물학적으로 이렇게 거추장스러운 근거에 입각한 자기이해라는 '환상'이 도대체 어떤 기능을 가질 수 있는지 아직까지 설명하지 못하고 있다.(하버마스 2004, 879쪽 이하; 설 2004, 50쪽) 하지만 우리가 이것을 이해했다 하더라도 우리 스스로 간단하게 환상을 포기해도 되는지(포기해도 된다는 신념을 가질 수 있는지) 여부는 여전히 해명되어야 한다.

제2장

결정론과 자유의 통합가능성: 칸트와 양립가능주의

이번 장에서는 임마누엘 칸트가 자기 시대의 결정론과 논쟁하면서 내세웠던 양립가능주의의 논거를 소개할 것이다. 사실 우리는 세계의 다른 모든 사물과 마찬가지로 자연현상의 인과사슬에 연관되어 있다. 하지만 동시에 우리는 이성적 본질로서 “행위의 절대적 자발성의” 주체이고자 하는 요구를 제기한다. 칸트에 따르면 이 두 가지 입장 모두 타당성이 있다. 자연 원인의 인과성 말고도 자유에 의한 인과성 역시 전제되어야 한다.

우리는 칸트의 논증에서 단순히 뉴턴 이후의 자연과학적인 물리주의의 근대적 전통이 대변되고 있다는 점 말고도, 인간의 자유에 대해 인과 결정론적으로 논박하는 것에 대해 그가 어떤 식으로 답변을 주고 있는지 명확히 알 수 있다. 성찰의 두 가지 입장이 통합가능하다는 그의 이론은 이후 지속적인 영향을 끼치고 있다. 자유의지의 문제와 관련해서는 지금까지도 수많은 변종의 양립가능주의가 철학적으로 지배적인 입장이다. 하지만 칸트 유형의 이원론에 이론의 여지가 없는 것은 아니다. 따라서 새로운 그리고 가장 최근의 반대 경향을 예시적으로 보여주는 사례를 바탕으로 ‘자유의지적’ 양립불가주의를 소개하도록 하겠다. 이 입장은 결정론에 반대하는 근본적인 논증을 통해 양립가능주의는 그 타당성을 상실했다고 천명한다. 즉 인간은 자연에서 분리되어 떨어져 나온 것이 아니라는 것이다. 우리가 사용하는 자연과 자연법칙성 같은 개념과 관련하여 이 입장을 고려할 필요가 있다. 이러한 입장에서 보면 결정론적 물리주의에 반대하면서도 그 어떤 것으로도 환원되지 않는 자연주의가 가능하다는 것이다.

양립가능주의 모델: 칸트

우리는 인간의 자기이해에 따른 자유 이론적 논증의 *전거*를 임마누엘 칸트(1724~1804)에게서 찾을 수 있다. 칸트 시대의 사고인 계몽주의에서 뉴턴의 결정론적 물리학은 "신을 자유를 방해하는 역할로부터 분리시켰다."(로스 2007, 1쪽) 이미 18세기에 프랑스의 유물론자들은 인간의 모든 감정뿐 아니라 인간 사회에 대해서도 엄격하게 과학적인 인과론적 결정론 원칙을 주장하는 것이 일관된 계몽주의의 강령에 포함된 것으로 보았다.(특히 올바크 1770 참조) 동시에 유례를 찾을 수 없는 수학적 자연과학의 개선 행렬을 목격한 칸트는 물리적인 세계 구상 내에서 자유가 차지할 자리가 없다는 의식에서 출발했지만, 그렇다고 우리가 자유 의식 속에서 행위하는 것을 중지하는 것은 아니라고 보았다. 자유는 이성적 자기이해 속에서 자리를 차지하고 있다. 그것은 이성의 이념이며, 사고와 행위에 방향을 알려주는 주도 개념이다.

칸트가 방법론적으로 확실한 모든 인식에 요구한 과학의 기준으로 보면 자유는 증명될 수 없는 것이다. 순수하게 논리적인 작업을 제외하면, 증명은 경험에 묶여 있다. 하지만 만일 감각의 확증이 있는 경우만이 증명가능한 것으로 받아들여진다면, 자유와 관련하여 철학자는 두 손을 들 수밖에 없다. 왜냐하면 신체의 동작만이 인간의 행위에서 경험으로 인식될 수 있기 때문이다. 그 동작에서 무엇이 자유라고 할 수 있는지는 눈에 보이지 않는다. 이러한 통찰이 자유 개념을 둘러싼 칸트의 모든 노력의 출발점이다. 만일 자유가 이러한 물리적 사태의 방식으로 증명될 수 없다고 해도 자유가 다른 식으로는 존재하지도, 또 작동하지도 않는다는 것을 의미하는 것은 아니다. 따라서 자유의 이 같은 다른 영향과 현실을 제시하여 그것이 포기할 수 없는 것임을 증명하는 것이 필요하다. 이것이 칸트가 논증하는 목표이다.

칸트의 논증 프로그램은 두 단계로 이루어져 있다. 첫 단계에서 그는 자유의 *사유가능성Denkmöglichkeit*을 확보한다. 즉 자유의 상정이 인과적으로 결정된 세계의 구상과 모순되지 않는다는 것이다. 두 번째 단계에서 그는 자유의 *사유필연성Denknotwendigkeit*을 제시한다. 즉 자유 개념은 행위자의 자기이해에 있어 결코 포기할 수 없는 것이다. "왜냐하면 그렇지 않은 경우 자기 자신을 잘못 이해하기 때문이다."(칸트 1788, 110쪽)

자유의 사유가능성

칸트는 최초로 자유에 대한 근대 특유의 딜레마 해결에 매달린 철학자다. 자연과학은 인과관계가 시공간의 모든 사물과 마찬가지로 생명체로서의 인간 역시 그 안에 구속된 빈틈없는 결정관계라고 주장한다. 반면에 자기의식을 가진 존재로서의 인간은 자신의 자유를 주장한다. 『순수이성비판』(1781; 2판 1787)에서 칸트는 이 문제를 이율배반이라는 방법론적 제목으로 다루고 있다. 세 번째 이율배반에서 그는 엄격한 증명과정을 통해서 자유란 존재할 수 없다는 것을 제시한 다음, 이 저서의 지면 배열에 따라 확실한 논리를 갖춘 바로 그 역의 증명을 옆 쪽에 기술하고 있다. 즉 물리적으로 이해된 자연에서는 자유가 존재할 수 없다는 것과 존재해야만 한다는 것, 이 두 가지 모두 참이다. 여기에는 얼핏 보기에 해결 불가능한 모순이 존재하는 것 같지만, 이 모순은 이후의 해명을 통해 피할 수 있는 모순으로 밝혀진다. 물리주의자에게는 자유란 존재할 수 없다. 하지만 반대로 행위하는 인간에게 자유는 있을 수, 아니 있어야만 한다. 왜냐하면 다른 식으로는 인간은 자신이 누구이며 자신이 무엇을 하는지를 이해할 수 없기 때문이다.

이 해석을 통해 칸트는 자유와 자연필연성을 엄격하게 구분하면서도 양자가 서로 합일할 수 있다고 보는 근대 양립가능주의의 원조로 떠오른다. 세 번째 이율배반은 그 의미가 지속적이기 때문에 보다 자세히 살펴볼 필요가 있다.

『순수이성비판』 초판 서문에서 칸트는 인간의 이성은 해결도 안 되고 그렇다고 무시할 수도 없는 문제에 의해 '성가심'을 당하고 있다고 밝힌다.(칸트 1781, a Ⅶ 이하) 여기서 말하는 문제는 절대letzt 원칙에 관한 문제이며, 이를 통해 증명 불가능한 가정이 발생한다는 것이다. 칸트는 이렇게 발생한 문제를 "이율배반"이라고 부른다. 즉 만일 형이상학적으로 같은 가치를 갖는 두 가지 최후의 답변이 서로 대립할 경우, 우리가 처하게 되는 해결 불가능한 모순이 그것이다. 이성은 그 안에서 세계 전체에 대한 문제, 세계 통일에 대한 문제, 그 시작과 끝에 대한 문제 그리고 그 근원에 대한 질문을 발견한다. 자유에 대한 문제도 여기에 속한다. 모든 것이 자연법칙을 통해 인과사슬에 결정되어 있는가, 아니면 자유가 있는가? 칸트는 이 현란한 양자택일의 문제와 대결을 벌여, 다음의 결론에 이른다.

전면적인 결정론 테제도 그리고 자유의 테제도 똑같이 정당한 근거로 대변될 수 있다. 둘 다 정당성이 있는 것으로 보이며 엄격한 사실 논증의 차원에서 결정을 내릴 가능성은 없다.

우선 칸트는 두 입장에 대한 증명과정을 제시한다. 자유를 주장하는 테제는 우리가 수미일관되게 자연 인과성을 가정할 경우 *무한한 후퇴infiniten Regress*에 빠질 수밖에 없다고 말한다. 만일 우리가 전면적인 인과결합에서 출발해 빈틈없는 설명 프로그램을 추구한다면, 우리는 원인의 사슬에 묶여 모든 근거에 대해 늘 여전히 한 지점을 다시 물어야 하며, 어떤 작용의 원인에 있어 다시금 원인의 원인을 찾아야 하며, 결국 계속해서 무한히 이 작업을 반복하게 되어 인과근거 프로그램이 불합리하다는 것을 논증하는 꼴이 된다. 자연 인과성에 의한 전면적인 규정이라는 주장은 따라서 자기모순적인 명제가 되는데, 그 근거 확인 작업이 결코 끝나지 않기 때문이다. 이를 막기 위해서는 인과결합의 전체적인 연관관계를 최초의 시작, 그 기원으로 환원하고, 그것을 "자연법칙에 따라 진행하는 일련의 현상들이 스스로 시발하는, 원인들의 절대적인 자발성"(칸트 1787, B 475쪽) 혹은 "행위의 절대적인 자발성"(B 476쪽)으로 생각하는 것만이 방편이다.

결정론적인 입장에서 자유를 부정하는 안티테제와 결합되어 있는 논증은 우리가 이러한 절대적인 자발성을 가정한다는 것은 세계(자연 인과성에 의해 전면적으로 법칙에 따라 결합된 세계) 외부의 능력을 상정하는 것이고 이렇게 자의적이고 무규칙적인 영향을 용인하게 되면, 앞으로 자연법칙성에 대해 언급할 정당성을 포기해야 한다는 것이다.

이런 식으로 각각 타당성 있는 논증을 갖춘 결정론의 테제와 자유의 테제가 서로 대립되어 있다. 결정론의 테제는 인과관계에서 분리된 절대적인 자발성의 가정은 결국 우연, 즉 비합리성이 체계에 포함된다는 것을 의미한다는 설득력 있는 반론을 제기하며, 자유의 테제는 절대적 자발성을 가정하는 것은 체계 내에서 무한 후퇴를 방지하기 위한 필연성에서 나온다는 주장을 펼친다. 여기서 자유는 무조건적인 자발성과 일치하며, 다른 어떤 것으로도 환원될 수 없는 자기활동을 의미한다. 칸트는 "일련의 연속적인 사태와 상황을 스스로 시작하는 능력"에 대해 언급하며 이 능력을 "원인들의 절대적인 자발성" 그리고 "초월적 자유"라고 부른다.(B 475쪽 이하) 여기서 "초월적"이란 표현은 설명 차원의 근본적 성격을 표시한다. 즉 초월적이라고 표현된 자유는 아직 행위자의 개별 의지 행동으로 구체화된 실천적 자유가 아니라, 모든 개별 행위의 전제로서 생각되어야 하는 근본적으로 상정된 능력을 말한다. 이러한 자유는 절대적인 시작이 가능할 수 있는 조건이며, 모든 자기활동적인 행동이 바로 이 절대적 시작으로 사유되어야 한다.

물리적 세계 전체와 관련된 문제 제기에 있어 칸트에게 중요한 것은 전체에 대한 모든 설명에 필요한 기원Ursprung의 증명이다. 이 성찰의 소실점은 창조신학적인 가설이다. 즉 명백하게 "의지의 자유"(B 476쪽)와의 연관조차도 하나의 활동적인 신으로부터 세계의 기원을 끌어내는 신학적 사상 속으로 통합될 수 있다는 것이다. 만일 이러한 절대적 자발성 자체의 사유가능성을 증명하는 데 성공한다면, 우리는 자연적인 인과사슬로 해소될 수 없는 자기활동으로서의 인간의 자유에 대한 이해 모델을 획득하게 된다. 왜냐하면 모든 행위는 우리의 이해를 끌어낼 수 있는 어떤 단초를 가져야 하는 전체이기 때문이다.

칸트가 든 예를 보면, 그가 어떤 생각을 하고 있는지 분명해진다. "내가 지금 […] 의자에서 일어선다면, 이 사건에서 그 자연적인 결과를 포함하여 새로운 일련의 결과들이 무한히 시작한다."(B 478쪽) 이렇게 해서 원인의 절대적 자발성이라는 처음에는 완전히 추상적인 개념이 자기운동을 향해 나아가는데, 인간은 이것을 자기 자신을 통해서만 알고 있다.

실생활의 예를 통해서 자유 개념을 가시적으로 보여주었지만 이율배반이 완벽히 설명된 것은 결코 아니다. 칸트는 이 입장의 테제와 안티테제 간의 모순이 가상의 모순이라는 점을 증명함으로써 이 문제를 해결하고자 한다.(B 560–586쪽) 이렇게 되어야 이율배반의 '해소'라고 말할 수 있다. 우선 서로 대립해 있는 주장은 방법상으로 서로 비교가 안 되는 차원에서 사태에 대해 서로 비교가 안 되는 접근을 하고 있기 때문에 실제 상호 모순될 수 없다. 즉 한편에서는 세계 내의 행위의 연관관계를 오로지 모든 대상물들을 전면적으로 결합시키고 있는 인과성의 법칙이 타당성을 갖는 오성의 관점에서 판단하고 있다. 다른 한편에서는 이성의 관점에서 판단이 내려지는데, 이성에 있어서 오성 인과성에 의한 객체관계 말고도 지속적이며 상위의 관점들이 존재한다는 것인데, 세계 내의 우리들의 정향을 가능하게 해주는 사변적 표상들이 그것이다. 칸트는 플라톤에 기대어 그리고 완전히 일상적 이해와 일치해서 이를 "이념"(B 368쪽 이하)이라고 부른다. 자연법칙의 인식을 의미 있게 이해하려면 누구나 이 이념을 필요로 한다는 것이다.

칸트의 증명과정은 자신의 철학체계를 전제로 하고 있다. 그의 숙고 내용은 『순수이성비판』 *전체*를 포괄하는 개념들에 기초하고 있다. 예를 들면 자유에 대한 그의 이론은 *물자체*와 *현상* 간의 인식론적 구별에 근간을 두고 있다. 우리가 어떤 경우에도 사물이 스스로를 관찰할 수 있는 것과 같은 식으로 사물을 관찰할 수 없다는 인식에 대한 차이를 칸트는 *행위하는 인간*에게 적용했다. 오성은 인간과 그 행위를 단지 감각인상과 관련하여 자연의 모든 것이 인식가능한 방식으로만 보고 있다. 즉 현상으로 보고 있는 것이다. 하지만 이성 본질로서의 인간은 우리에게 현상으로 주어진 임의의 사물 이상이다. 인간은 자신의 고유한 이성의 관점에서 스스로를 물 자체로 보고 있다. 이러한 이성의 관점에 자신의 행위를 자발적이고, 자기로부터 활동하는 본질로 표상하는 인간의 가능성이 자리 잡고 있다. 인간 자체 내에서 "자유를 통한 인과성"(B 472쪽)이 작동하고 있다.

다른 식으로 표현해 보자. 우리는 오성을 통하여 단지 인간의 경험적인 특성만을 인식할 수 있다. 우리는 그것이 인간의 욕망, 욕구 그리고 동기건 아니면 신경상의 행위 잠재성이건 늘 단지 그 '외면'만을 볼 뿐이다. 이것이 우리가 우리 인식의 모든 다른 가능한 대상들과 함께 나누는 양상이다. 하지만 우리는 자기 의식적이며 사유하는 존재로서 각 고유한 자기 경험에 의해 주도되어 경험적인 인식을 조직하고, 그것에 방향을 제시하는 능력을 가정해야 하며, 그래야만 우리는 인식 내용을 다룰 수 있다. 이러한 능력을 우리는 우리 인격Person의 '내면'으로 경험한다. 칸트는 이 능력을 인격의 "예지적 성격"(B 574쪽 이하)이라고 부른다.

악의에 찬 거짓을 예로 들어 칸트는 사실 우리가 하나의 자의적인 행위를 그 동기로부터 설명하면서, 이때 인간의 "경험적 성격"을 잘못된 교육과 열악한 사회로부터 말미암은 인간 발전의 영향에서 파악하려 한다는 것을 보여준다. 그럼에도 불구하고 우리는 "마치 행위자가 일련의 결과를 스스로 야기해낸 것처럼" 그 행위를 질책하는데, 이는 우리가 이러한 판단을 통해 앞에서 거론된 모든 경험적인 조건에도 불구하고 인간의 행동을 다른 식으로 규정할 수 있고, 또 규정해야 된다는 이성을 "자유를 통한 인과성"의 근원으로 보고 있다.(B 583쪽)

자유의 사유필연성

판단과 행위 관점을 기술하면서 칸트는 일상적인 의식을 일목요연하게 정리한다. 우리는 파기할 수 없는 자연의 법칙들을 신뢰하면서도 우리 자신을 자유롭다고 여긴다. 이런 시각을 벗어나기 위해서는 중독이나 극단의 열정 같은 이런 예외적인 병리학적인 성질의 "동기"가 밝혀져야 한다.(스트로슨 1962도 참조) 『도덕 형이상학의 기초』(1785)에서 그리고 보다 분명하게 『실천이성비판』(1788)에서 칸트는 두 번째 논증 단계인 자유의 사유필연성 증명에 몰두하는데, 그 방법은 이미 세 번째 이율배반의 해체를 위해 내딛은 자기이해의 논증이라는 과정을 해석하는 것이다. 내가 언제 무엇을 하든, 나는 *무언가를* 하려고 하는 것이다. 즉 나는 어떤 목적, 어떤 의도를 추구하며, 나는 내게 중요한 어떤 것을 관철하려고 한다. 그러니까 문제는 내가 무언가를 한다는 것이며, 나는 스스로에게 내 행위를 부가시킨다. 다시 말해 내 의지표명 요구와 관련해서 내가 그 가운데 자유롭지 못하다는 입장에서 출발하는 것은 사리에 맞지 않는다는 것이다.

칸트는 자유의지의 수행자로서 자신을 진지하게 여기는 데 있어 방법상으로 중요한 역할을 하는 것이 도덕규범의 타당성에 대한 의식이라고 본다. 그는 행위자의 실제 자기의식, 즉 행위의 도덕 차이에 대한 의식에서 출발한다. 칸트(1788, A 56쪽)는 도덕법칙의 타당성에 대한 의식에서 나타나는 것을 "이성의 사실Factum der Vernunft"이라고 부른다. 이 의식은 법칙에 대한 존경심을 분명히 한다.(A 127쪽 이하) 의지의 자유는 이성의 사실로부터 도출될 수 있는데, 그 이유는 이성의 사실 안에서 표현된 도덕적 자기이해는 자유를 전제로 해야만 타당한 당위 요구에 대한 의식이기 때문이다. 존재와 당위의 차이는 오직 자신의 행위를 원칙적으로 다르게 할 수 있는 본질에만 해당된다. 따라서 칸트는 사실 자유는 도덕법칙의 *존재근거ratio essendi*이며, 동시에 도덕법칙은 *자유의 인식근거ratio cognoscendi*라고 말한 것이다.(A 5쪽) 양자물리학의 창시자인 막스 플랑크(1936, 282쪽) 역시 마찬가지 논증을 펼치며 자유의지는 도덕적 책임 의식 속에 "보증된" 것으로 본다.

"준칙이 보편적인 법칙이 되도록 그대가 동시에 의욕할 수 있도록 하는 그러한 준칙에 따라서만 행위하라(네 의지의 격률이 언제나 동시에 보편적 입법의 원리가 될 수 있도록 행위하라)."(칸트 1785, 421쪽; 이 책 3장 115쪽 참조) 이렇게 칸트는 도덕법칙을 정언명령으로 정식화하였다. 여기서 행위와 무위에서 옳고 그름의 방향을 설정하려는 욕구에 대한 검증 기준이 제시되는데, 즉 나는 나의 주관적인 행위원칙을 보편적인 입법으로 천명되도록 해야 하며, 따라서 모든 행위자가 같은 상황에서 똑같은 원칙을 준수해야 한다는 것이다. 이렇게 해서 나의 자유의 표명과 타자의 합법적인 자유 요구의 합일가능성이 도덕적 행위의 기준이 된다.

행위자에게 요구되는 사유는 자신의 통찰, 따라서 자신의 자유와 연계되어 있다. 이렇게 자유의 이념은 행위에 의존하는 이성적 본질에게 없어서는 안 될 전제조건으로 증명되었다. 행위자는 따라서 이미 자신의 자유를 사용하고 있는 것이다. 이러한 통찰로부터 칸트는 의지의 자유에 대한 결정적인 변호를 이끌어낸다. "나는 이제 이렇게 말한다. 자유의 이념 하에서 행위할 수 있는 모든 본질은 바로 그렇기 때문에 실제적으로 고려해볼 때 진정으로 자유롭다."(448쪽)

양립가능주의의 새로운 버전

자연필연성과 자유의 통합가능성에 대한 성찰을 통해 칸트는 방법론적 성찰에 기반을 둔 양립가능주의의 창시자가 되었다. 인간이 취할 수 있는 "두 가지 관점"에 대한 칸트의 사고들(452쪽)은 사실 자유의 증명을 담고 있지는 않지만, 자유의 현실에 대한 강력한 논증이다. 많은 이들이 그의 뒤를 따랐다. 자유를 철학적으로 변호하는 대다수는 지금도 칸트의 모델에 따라 양립가능주의를 대변하고 있다.

때때로 우리는 양립가능주의의 통합가능성 테제가 다만 완화된 자유 개념, 즉 단순한 행위의 자유와 관련되어 있다는 주장에 부딪힌다.(포타스트 1978, 15쪽 이하; 슈타인포르트 1987, 16쪽 참조) 이런 주장에 내포된 오해는 명백하다. 즉 이런 식의 통합가능성으로 의지의 자유라는 지난한 과제를 풀 수 있겠냐는 것이다. 칸트가 보여준 문제의 분명한 성격을 감안하고, 쇼펜하우어(이 책 1장, 47쪽 참조) 같은 인과적 결정론의 극단적 주창자를 염두에 두면 이런 오해는 쉽게 이해가 간다. 결정론의 공격은 내가 원하는 것을 *할* 자유와는 관련이 없다. 그 공격의 목표는 오히려 의지의 자유이다. 즉 나는 내가 원하는 것을 자유롭게 *규정할* 수 없다는 것이다. 따라서 의지의 자유와 결정론 간의 통합가능성이라는 테제만이 현재 진행된 논쟁에서 일정한 역할을 할 수 있다. 칸트의 입장과 앞으로 소개될 내용도 이렇게 이해할 수밖에 없다.

오늘날 원인의 절대적인 혹은 무조건적인 자발성을 언급하는 칸트의 성찰은 어떤 독자들에게는 마치 칸트가 어떤 방식으로도 규정되지 않는 의지를 주장한다는 오해를 불러일으킬 수 있다. 이러한 의미에서 20세기에 가장 극단적으로 "자유에 의한 인과성"을 옹호했던 학자는 아리스토텔레스에서 연원하는 은유를 사용하여 도전적으로 "부동의 원동자"(치솜 1964, 82쪽)를 언급해, 안 해도 될 커

다란 설명의 부담만을 지게 되었다. 왜냐하면 문제는 바로 그렇게 주장한 정신적인 원인은 대체 어떻게 사유될 수 있냐는 것이다. 비판적 학자들은 어떤 것으로부터도 규정 받지 않는 의지를 가정하는 방안에 반대를 분명히 했는데, 그런 절대적 의지란 표상하기도 어려울 뿐 아니라, 명백히 우리가 자신의 의지라고 생각하는 것과 같을 수 없다는 것이다. 즉 의지라는 것이 완전히 무규정적이라면, 그것은 임의적으로 그리고 역설적으로 모든 우연에 노출된다는 것이다. 자유의지란 그 반대로 의지하는 자가 연관되어 있다고 보는 자신의 통찰과 근거에 의해 규정된 특정한 의지라는 것이다.(비에리 2001)

바로 이것이 칸트의 자유 개념의 핵심이다. 그가 절대적 자발성을 언급한다면, 그것은 전제된 인과관계와 연관된 것이다. 즉 인과관계의 결정론적 영향으로부터 의지가 "자유롭다"는 것이다. 인과관계로부터 세상에 존재하는 모든 것이 지탱되지만, 의지는 스스로 자신의 시원Anfang을 정초함으로써 거기서 벗어날 수 있다. 이 말이 뜻하는 것은 자유의지라는 것이 완전히 무규정적이라는 것이 아니다. 그것은 의지가 이성적 통찰로부터 스스로에게 부과한 행위의 법칙에 의해 규정된다.(이 책 3장, 115쪽 참조)

위에서 언급한 어려움은 그의 입장과 마찬가지로 칸트의 용어 역시 설명이 필요하다는 것을 보여준다. 현재의 자유이원론자들의 노력의 상당 부분은 칸트가 세상에 내놓은 사상을 직절하게 설명하는 법을 찾는 데 있다.

우리는 양립가능주의자들이 대변하는 것은 행위의 자유와 결정론의 통합가능성이라는 용어상의 오해에 대해 앞에서 살펴보았는데, 이런 오해에 지속적인 영향을 미친 것은 조지 에드워드 무어(1873~1958)가 1912년 "할 수 있다"라는 표현의 조건절 분석을 통해 제출한 해결 제안으로 보인다. 순수하게 형식상으로 칸트의 세 번째 이율배반을 연상시키는 대립구조를 통해서 모어(1912, 150쪽)는 "다른 식으로도 할 수 있다(없다)"라는 주장을 말하는 이 동사를 결정론자들과 자유옹호론들이 각기 상이한 의미로 이해한다는 것을 확인한다. 무어(150쪽 이하 참조)는 "내가 다른 식으로 할 수도 있었을 텐데"라는 문장은 결코 인과에 있어 무제한적인 가능성의 주장을 말하는 것이 아니라, 단지 "내가 다른 식으로 결정했더*라면*, 다르게 행위했을*텐데*"라는 것을 보증해줄 뿐이라는 것을 요청postulieren하고 있다.

의미론적 분석이 옳으냐는 문제와 무관하게(오스틴 1956의 비판 참조) 문제를 이런 식으로 '해소'하는 것이 어쨌든 우리가 다른 식으로 결정할 가능성을 가지고 있는지 여부에 대한 진술을 포함하고 있지 않다는 것은 분명하다. 그것은 오히려 문제를 의지의 자유에서 행위의 자유로 이전하는 것이며 그럼에도 통합가능성 테제로 남아 있기는 마찬가지다. 하지만 이 경우가 우리에게 시사하는 바는 대단히 크다. 왜냐하면 무어(1912, 154쪽)는 자신의 언어학적 소견 *말고도* 실제로 "스스로 하나의 규정된 방식을 결정하도록 하는 일종의 노력을 자신에게 부과하는 행위"가 존재한다는 것을 의심하지 않는다. 무어는 이러한 결정이 우리에게 정언으로 주어진 숙의과정이라는 점에 의지 결정의 자유가 있다고 본 것이다. 이렇게 그는 의도치 않게 우리가 찾고 있는 자유의 논증이 언어사용의 분석을 통해 그대로 밝혀지는 것이 아니라는 점을 시인하고 있는 것이다.

에른스트 카시러(1874~1945)의 입장은 칸트의 구상과 가깝다. 1930년대 논쟁에서 그는 막스 플랑크가 발견한 불확정성 관계에 기초해서 양자물리학적으로 가능해진 자유의 근거를 정초하려는 (요르단 1971; 로스 1996, 232쪽 이하; 줌 1997과 2003 참조) 동시대 양립불가주의자들의 요구를 단호하게 거부했다. 그는 우리가 오로지 과학적인 자연 설명의 결함을 찾는 것으로 윤리의 권위를 세우려 한다면, 인간의 자유를 위한 방법적인 노력으로서의 윤리는 제대로 정립될 수 없다고 본다. 도덕의 권위는 아원자Subatom 작용량의 불확정성에 기초를 둘 수는 없다. 인간의 행위를 위해 필요한 규정의 독자적인 원칙과 근거는 물리학적 자연 설명의 차원에서 찾을 수 있는 것이 아니다. 그것은 고전물리학을 들이대든, 양자물리학을 들이대든 마찬가지다. 따라서 핵심은 "경험적 사건 내에서 '엄격한 자연법칙'의 강제성을 와해시키거나 어떤 식으로든 완화하는" 것이 아니라, 오직 "새로운 *관점*을 찾는" 것이다.(카시러 1936, 238쪽) 인간의 행위는 "이중의 *판단*이 가능해야 하고 또 그 판단에 접근 가능해야 한다. 즉 인간의 행위는 시간의 순서에 따른 사건으로서 인과적으로 결정되어 있어야 한다. 하지만 그 내용과 의미는 이러한 결정론으로 소진되어서는 안 된다."

막스 플랑크(1936, 283쪽) 역시 카시러와 견해를 같이했는데, 그에게 "두 입장"의 정당성은 물리학자의 시각에서 모든 자연과학적인 이론에 대한 방법적인 전제로 볼 때 이미 익숙한 것이다. 이 두 입장의 타당성 요구를 보장하기 위해서는 "관련 체계의 선택"이 필요하다.(285쪽) 플랑크에게 양립가능주의의 필연성은 의지의 자유 문제에 있어서는 *인식론적인 비결정주의*가 필요하다는 문제의식에서 나온다. 즉 자연 인식 분야에 있어서는 완전한 인과적 결정에 의해 설명과 예측의 구조동일성이 도출되지만, 인간의 고유한 향후의 의지 결정Entscheidung에 있어서는 우리의 인식이 의지의 자발성과 필연적으로 얽히기 때문에 우리는 결코 그것을 예견할 수 없다는 것이다.(284쪽)

현재의 논쟁에서도 무수한 칸트 유형의 양립가능주의적 입장이 있다. 일례로 미하엘 파우엔(2004)은 가설적으로 신경 결정론에 호의적인 바탕에서 논거를 펼치며, 이미 아리스토텔레스가 개진한 바 있는 자발적 행동의 기준들을 원용하고 있다.(이 책 3장, 117, 118쪽 참조) 그는 우리가 인간 의지의 자유라는 포괄적인 개념을 유지하기 위해서는 행위와 선택에서 *자기규정Selbstbestimmung* 이외에 다른 것은 필요 없다고 강조한다. 이러한 자기규정은 두 가지 기준에 달려 있는데, 우선 강제의 부재로서의 *자율*과 나의 행위가 우연한 사건 이상이라는 *원저자적인 성격Urheberschaft*이 그것이다. 행위는 내 스스로에게 귀속될 수 있는 활동이다. 이러한 기준들은 우리가 우리의 개인적인 선호를 근거로 행위할 수 있는 상황에서는 의심할 나위 없이 실현된다. 물론 자유도 등급이 있다는 것은 인정해야 한다. 주어진 가능성 사이에서 결정을 내려야 하는 상황이 항상 (모든) 선호의 만족을 허락하지는 않는다. 하지만 큰 틀에서 보면 파우엔(2004, 241쪽)의 평가는 고무적이다. "우리가 자유롭게 행위할 수 있는지 여부는 우리의 세계가 결정론적이냐 아니냐에 달려 있는 것은 아니다."

행위 결정의 예에서 분명히 살펴보았듯이, 신경 결정론도 우리가 원하는 것과 우리에게 중요한 것에서 우리 자신을 방해하지 않는다. 파우엔은 성찰 논증의 핵심을 통해 양립가능주의를 강화하고 있다. 즉 냉정한 결정론은 받아들일 수 있다는 것이다. 우리가 절대적으로 자유로운가에 대한 질문과 상관없이, 우리는 *충분히 자유롭다*. 우리의 실제를 관찰해보면, 우리는 결정론이 이러한 사실에 시비를 걸 수 없다는 것을 알게 된다. 왜냐하면 명백히 우리는 무엇을 하고 안 할지를 알아서 *정할 수 있으며*, 심지어 종종 그것에 만족할 수도 있다. 결정론에 대한 반박으로 얻을 수 있는 결론이 이 정도면 충분하다. 긍정적인 자유 증명조차도 실제로 우리에게 줄 수 있는 것이 더 많지는 않을 것이다.

마르쿠스 빌라셰크의 성찰 이원론적 테제는 새로운 간결성을 보여준다. 그는 뇌가 결정된 국부 시스템이기는 하지만 이 자연법칙이 비상시에는 우리가 성찰과 근거를 가지고 의지를 규정하는 것을 막을 수 없다고 본다. 또한 우리는 행위와 관련하여 통찰과 근거로 이해한 것이 통찰과 근거의 지위를 얻지 못한다고 의심할 이유도 없다. 왜냐하면 지금까지의 실험이 보여준 성급한 결론과 달리, 신경상의 결정을 증명할 그 어떤 자연과학적인 연구 결과도 나오지 않았기 때문이다. 자연법칙에 대한 일반적인 의존도를 넘어서는 특수한 제한이나 방해의 요소가 있을 경우에만 우리의 자유 결정을 자유로운 것이 아닌 것으로 이해하는 것이 적절하다. 마약이

나 모든 종류의 병리학적 상태에서 신경의 작용에 외부 규정적 결정이 등장할 수 있다. 그래서 이런 결론을 내릴 수 있을 것이다. 뇌가 있기 때문에 자유롭지 못한 것은 아니지만, 내 의지가 뇌종양에 의해 그 자유를 잃어버릴 수는 있다.

사회적 과오의 분야에서 많은 논쟁을 낳은 논문 「자유와 증오」(1962)에서 이미 피터 스트로슨도 자유와 양립가능주의의 입장에서 비슷한 논증을 했다. 스트로슨은 인간학적으로 우리의 *심층에 뿌리박힌 인간적인 감정의 동요*를 증거로 "다른 인격체들과 일상적인 관계를 맺고 있다는 것을" 내포하고 있는 함의 내용을 의식으로 불러내고자 한다.(스트로슨 1962, 208쪽) 그는 상호 기대라는 갈등의 장에서의 "도덕적인 감정들", 예를 들어 존경, 배려 그리고 가치평가(231쪽)에서 출발하면서, 우리가 타인을 통해 받은 이런 기대의 상처를 인책 능력이 약화된 타자가 진료 혹은 교정 치료를 받고, 따라서 사회적 전략의 대상이 되는 예외적인 상황에서만 면책해줄 수 있다고 주장한다. 이 타자에 대해서 우리가 일반적인 기대를 포기하면서 가질 수 있는 "객관적 태도"는 모든 인간을 대상으로 확대될 수는 없으며, 단지 특별한 면책 사유라는 인상을 받을 때만 동원할 수 있는 것이다. 따라서 객관적 태도의 일반화는 받아들이기 힘들며, 이를 받아들이게 되면 결국 의지의 자유 결정론이 우리를 강요하는 결과에 이르게 된다.

빌라세크(2002, 2005, 2008)는 인간 감정의 동요(혐오, 동정, 감사, 분노 그리고 비난)의 정상적인 조건에 대한 성찰을 보편적인 공식으로 만든다. 그가 취한 방식은 칸트의 자연 인과성과 자유를 통한 인과성에 기대어 일반적으로 *근거규정에 대한 평가적 맥락을 원인에 대한 설명적 맥락과* 분리하는 것이다. 그는 아래와 같은 통찰을 통해 칸트와 스트로슨의 양립가능주의에 힘을 실어주고 있다. 즉 결정 원인은 그것이 늘 상존하고 작용하고 있다 하더라도 대개 근거에 의해 규정된 행위와 관련하여 설명이 필요한 경우는 한정되어 있다. 그 경우란 설명의 필요성이 일반적인 수준을 넘어가는 한에서만, 즉 예외적 상황에서만 그렇다는 것이다.

위르겐 하버마스(2004, 876쪽) 역시 *관찰자 시점*과 *참여자 시점*을 보완적으로 교차시킨 지식 관점이 서로 공존하며 하나로 환원될 수 없음을 주장한다. 그는 양립가능주의적 논증의 영역을 인류학적으로 적응의 자연사적인 역학으로부터 이 같은 인식론적 관점의 이원성을 설명하는 프로그램으로 확대한다.

양립가능주의에 대한 반론

결정론자뿐만 아니라 자유 개념의 옹호자들도 양립가능주의를 설득력이 없다고 비판했다. 이 관점 이원론의 소실점은 어디이며, 그것이 요구하는 이중 판단의 진리는 무엇인가? 이러한 이중화는 방법론적으로 정당한가? 바로 여기에 우리가 순수한 사유의 입장에서 무언가를 기만하고 현실과 환상을 혼동하는 위험이 내포된 것은 아닌가? 이러한 질문은 스스로를 "자유의지론자"라고 하는 일련의 사상가들이 제기한 것이다. 이들은 결정론과 자유의 통합가능성의 문제에 있어서 결정론을 부인하며 자유를 주장하는 양립불가주의자들이다. 그들에게 자유는 "우리의 행위와 판단 근거의 저변에 대한 자연주의적 규정에 다름 아니다."(니다-뤼멜린 2005, 171쪽) 만일 결정론이 정당성을 갖는다면, 자유는 구제될 수 없을 것이다.(제바스 2006, 131-168쪽 참조) 결정론만이 회의의 대상이다.(슈투르마 2006 중 팔켄부르크 참조)

약간 비아냥거리는 톤으로 지적되듯이 철학 서적을 통해 둘 다 전형적인 세미나 이론인 결정론과 양립가능주의의 결합이라는 내용을 접해보지 않은 자라면, 누구도 자연법칙적인 결정론과 인간의 의지의 자유의 통합가능성이라는 생각에 이르지 않을 것이다.(카일 2007) 게르트 카일의 핵심적인 논거 역시 자연법칙을 통한 빈틈없는 결정론을 진지하게 고려할 수 없다는 통찰에서 나온다. 카일은 아직 증거가 미비한 특허권을 가진 자연과학적 연구의 사실적 상태를 대하는 다른 학자들보다 급진적으로 이러한 자세를 밀고 나간다. 세 번째 이율배반에 나타난 칸트의 빈틈없는 인과관계라는 가정에 반기를 드는 인식론적 논거를 통해 그는 자연법칙 자체에 대해 공격한다.

대체 자연법칙은 어떤 지위를 갖고 있는가? 카일의 입장을 따르면 칸트는 그가 물자체와 현상의 구분을 통해 우리에게 일종의 계명이 된 통찰 내용과는 달리, 자연법칙을 객관적으로 주어진 것 그리고 절대적인 것으로 이해하는 중대한 실책을 범했다는 것이다. 카일은 개념의 지위를 둘러싼 중세 보편논쟁에서 받아들인 인식론적 용어를 사용하여 자신의 비판을 표현하고 있다. 즉 개념은 원래 실체Realia(객관적 실체)인가 아니면 단순히 (인간이 부여한) 이름Nomina

인가? 따라서 칸트에게 가해지는 비난은 법칙 개념을 보편 실제론적으로 파악했다는 것이다. 그리고 이렇게 해서 결정론은 논란의 여지가 없는 진리라는 틀을 부여 받은 것이다.

칸트는 자연법칙성을 마치 실제에 관한 것으로 파악한다. 이는 우리에게 심대한 결과를 낳는데, 우리는 자연법칙성을 우리 자신 역시 자연에 속한다는 사실을 도외시한 채 생각한다는 것이다. 그래서 우리는 우리가 자연법칙성의 개념 틀 안에서 적절하게 고려되어야 한다는 생각을 전혀 못하고 있다. 칸트는 자연법칙을 마치 그것이 인간 *이전에* 확고하게 결정되어 있다는 식으로 받아들인다. "세계는 모든 법칙(제대로 말하자면 법칙성)을 이미 포함하고 있는 그 무엇으로 표상된다. 그러고 나서 우리가 이 세계에 온 것이고, 따라서 '자연 메커니즘' 안에서 우리의 자리를 찾아야 한다. 그 결과 우리와 우리의 자유로운 행위에 대해서는 어떤 자리도 남아 있지 않다는 것을 확인하게 된다. 바로 이것이, 세계는 압력이 맞춰진 톱니바퀴라는 기계론적 비유에 기초한 '빈틈없는 연관관계'라는 결정론적 언표를 가능케 한다. 하지만 실제 정확하게 보자면, 무엇보다 우리와 우리의 행위를 포괄하는 사실상의 세계 발생Weltgeschehen이 최초의 시점이다.(카일 2007, 122쪽 이하)

카일의 반론에서 눈에 띄는 것은 결정론이 우리에게 강요하는 것이 실제로 기이한 구성이라는 점이다. 즉 우리는 이 세계를 마치 경우에 해당하는 모든 것이라고 상정하는데, 다만 우리와 우리의 상태는 제외하고 있다. 법칙이 먼저 확정되어 있다는 보편 실제론적인 법칙 개념에 반대해서 카일은 유명론적 법칙 개념을 복권시키는데, 이에 따르면 법칙이란 "참인 법칙에 대한 진술"(122쪽)에 다름 아니며, 이때 참 거짓 여부는 다른 어떤 것이 아니라, 우리가 거기에 속해 있고, 또 우리가 비로소 확인해야 하는 세계의 진행에서 드러난다.(123쪽 참조) 자연법칙성을 완전히 우리와 무관한 어떤 것으로 구상하는 실수를 피한다면, 결정론도 회피할 수 있고, 따라서 동시에 양립가능주의 역시 불필요한 것이 된다.

폴커 게르하르트 역시 비슷한 수준에서 칸트의 세 번째 이율배반에서 용인된 방법적인 가정을 근본적으로 반박한다. 사실 자유는 근거를 통한 이해와 의미론적으로 결합됨으로써 "자연과는 범주적으로 상이한 어떤 것"으로 이해되어야 한다. 즉 자유는 그 안에서 *우리 자신의 행위가 스스로 의지한(원한) 효과*이며 그 점에 있어서 "인간의 *자기-상태*의 표현"이다.(게르하르트 1999, 241쪽) 하지만 이는 겉으로는 양립가능주의를 확증하는 것처럼 보일 뿐이다. 자유가 일반적으로 그리고 관점의 변화라는 의미에서도 "자연의 법칙성으로부터의 자유"로 오해되어서는 안 된다는 통찰에서 드러나듯이, 이는 이미 양립가능주의에서 벗어나 있다. 오히려 자유는 "완결된 자연 연관관계를 전제"한다. "스스로를 자유롭다고 경험할 수 있기 위해서 우리는 자연의 확고한 질서를 신뢰할 수 있어야만 하며", 행위를 할 수 있기 위해서는 우리가 이 자연을 "우리에게 알려진 사건의 엄격한 결정"으로 전제해야 한다.(242쪽) 사회적 행위의 예를 들어 게르하르트가 분명히 보여주듯이 우리는 물과 공기 같은 자연 원소의 일관성, 중력의 법칙, 시공간의 연속성 그리고 친숙한 자연현상의 규칙성을 전제로 하고 있다. "따라서 자연과 자유 간

의 대립(혹은 갈등)에 대해 언급하는 것은 정말 생각이 모자란 것이다."(247쪽)

하지만 이렇게 의식적으로 자유의지를 "엄격한" 자연결정에 의존하게 만든 것은 빈틈없는 인과관계에 대한 여타의 주장과는 다르다. 게르하르트는 우리가 우선 이러한 연관관계를 완벽하게 알지 못한다는 것을 분명히 한다. 그리고 나아가 우리가 알고 있는 것만 보더라도 그 연관관계가 빈틈이 없는 것은 아니라는 점도 밝히고 있다. 결정론의 관점에서 언급할 때 보면 늘 마치 우리가 동질적이며 원칙상 무한한 연관관계에 대해 완벽하게 개괄하고 있는 듯하다. 하지만 이것은 습관적인 월권의 표현이다. 우리는 마치 세계를 "영원의 관점에서sub specie aeternitatis", 즉 우리의 제한된 인식이 전혀 접근할 수 없는 관점에서 보듯이 한다.

이 같은 방법적 월권을 거부하게 되면, 우리가 우리의 독자적 자발성으로 이해하는 주위 환경으로서의 자연에 대해 다른 시각을 갖게 하는 결과를 낳는다. 스스로 시원始原한다는Von-sich-Anfangen 것은 속임수라는, 이제는 상식이 된 니체의 반론을 다루면서 게르하르트는 세 번째 이율배반이 기초하고 있는 대립의 근거를 제거해버린다. 즉 우리는 자연 어디서든 급격한 시작과 종말을 관찰한다는 것이다. "이 자연의 일부를 이루며, 따라서 모든 과정에 대해 완벽한 개괄이 불가능한 *유한한 존재*에게 모든 것은 생성과정에 있다. *하지만 생성은 시작과 끝이 있는 모든 과정의 종합이다.*"(253쪽) 형이상학적으로 부하가 걸린 시원이라는 문제는 이렇게 해서 더 이상 지탱할 수 없게 된다. 또한 우리 자신은 이로부터 전혀 복잡하지 않은 시원에 대한 허가증을 부여 받게 된다는 것이다. 인간의 자발성은 그 예외적인 지위가 반박되면서 엄청난 변화를 겪는다. 인간은 스스로를 자발성 개념에서 하나의 시원으로 이해할지라도 자연으로부터 떨어져 나올 이유는 없다.(254쪽 참조)

인간은 스스로를 자유롭다고 파악해도 자연에서 떨어져 나오지 않아도 된다. 이런 선택권을 통해 양립가능주의가 거부되며, 따라서 근본적인 자유이론, 즉 물리적 환원주의와 상관없는 *자유의 자연주의*가 선포된다. 자유로운 존재로서의 인간을 자연과의 연관관계로 편입시킴과 동시에 생명체 개념을 기초로 하여 자연 그 자체를 자유의 잠재태로 파악하려는 요구가 병행한다. 게르하르트는 "자연의 여지"에 대한 지적이 엄격한 결정론을 확인하는 것과 모순되지 않는다고 본다. 즉 여지라는 것은 "중첩된 일련의 인과"에 "경쟁적으로 작용하는 수많은 영향 요소"들로부터 나오는 것이다. 인간은 다른 생명체와 마찬가지로 이 여지 안에서 자신의 가능성을 실현한다. 그렇기 때문에 자유는 자연 안에 위치할 수 있고, 또 그래야만 한다.(243쪽) 따라서 *자기규정*이라는 개념 구상에서는 "자유와 자연의 일치"가 들어 있다. 그렇기 때문에 자연적 과정과 정신적 과정의 연속성이 주장될 수 있다. 이미 살아 있는 자연에서 생명의 자기조직화가 관찰되며, 이 안에서 정신적인 것이 나타난다.(하이링어 2007 중 하이젠베르크 참조) 이 자기조직화는 인간에게 있어 자기의식과 자기규정으로 상승하며 이를 통해 인간은 지능을 가진 다른 생명체와 구별된다.(게르하르트 1999, 232쪽; 플레스너 1928 참조)

위르겐 하버마스(2004, 872쪽) 역시 자유와 결정론을 둘러싼 논쟁을

"정신의 자연화"라는 적절한 형식을 둘러싼 논의로 이해하고 있으며 자신의 *일견* 양립가능주의적인 입장을 "연성 자연주의"라고 부른다. 그의 평가에 따르면 인식론적 관점 이원론은 인류학에 뿌리를 두고 있다. 그것은 진화론적 학습과정에서 발생한 것이다.(881쪽; 884쪽) 세계에 대한 인간의 객관적 관계는 협동적 상호주관성과 동일한 기원에 따라 비례하는 방식으로 사회적 상호작용 속에서 학습에 의존함으로써 이루어진다. "이해의 상호주관성 없이는 지식의 객관성도 불가능하다."(885쪽) 바로 이러한 교차점에 과학적 세계 구상으로 드러나는 *관찰자 태도*와 자유 요구와 더불어 인간의 자기이해를 동반하는 *참여자 태도*라는 두 가지 지식 관점의 불가피성이라는 진화적 기원이 존재한다. 이렇듯 하버마스는 양립가능주의를 인류학적인 근거로 정당화하려고 하며, 나아가 이를 필연적이라고 천명하려 한다. 하지만 그가 뇌의 구조는 문화적 영향에 의해 각인된다고 하면서 볼프 싱어의 입장에 반대하고 또 이를 기초로 정신과 뇌의 상호 영향이 개연적이라고 간주한다면, 그의 "연성 자연주의"의 핵심은 결정론을 부정함으로써 양립가능주의 역시 불필요해질 수 있다는 것을 드러내는 셈이 된다.

제3장

자유의 개념: 요소, 단계, 구상

지금까지 우리는 인간 의지의 자유를 주장하는 입장과 논박하는 입장을 살펴보았다. 이제는 대체 자유가 무엇을 말하는지 해명할 필요가 있다. 앞 장에서는 자유에 대한 여러 가지 이론을 해당 맥락에서 소개했다면 이번 장에서는 자유 개념을 다룰 것이다.

자유란 무엇인가? 존 로크와 데이비드 흄으로 연원되는 의지의 자유와 행위의 자유의 구별은 두 가지 존재 영역의 존재론적 경계로 이해되어서는 안 된다. 이 구분은 오히려 각 관점에서 실제적인 자기규정의 각각의 측면에 집중할 수 있도록 해준다. 모든 성공적인 행위에는 의지의 자유와 행위의 자유가 서로 결합되어 있다. 이 두 자유를 구별하는 것이 타당하다는 요구는 행위가 실패하거나 혹은 성공의 조건에 대해 회의가 들 때 등장한다. 즉 우리가 의지의 표현으로 이해하는 행위가 안팎의 제한을 받을 수 있듯이, 행위의 자유는 실제적인 자기규정이 외적으로 제약을 받지 않는 것을 그리고 의지의 자유는 내적인 독립을 의미한다. 자체의 근거를 가진 숙고된 의지 결정의 규정이 사유에 의지한다는 것은 분명하다. 다시 말해 사유의 자유는 자유의지의 요소이다. 무차별적 자유의지가 갖는 단순한 비규정적 성격에서부터 자율로서의 자유에 이르기까지 여러 단계의 자유와 의지의 자유에 대한 구상을 살펴본 다음, 행위의 자유로서의 의지의 자유와 책임의 일치를 설명하도록 하겠다.

행위의 자유, 의지의 자유, 사유의 자유

두 가지 근본적으로 상이한 실체(연장res extensa과 사유res cogitans)의 가정을 기초로 한 육체와 정신의 이원론이 우리가 철학적으로 데카르트주의라고 부르는 것을 의미한다면, 주저 없이 행위의 자유와 의지의 자유를 구분하는 것을 받아들이는 현대인들의 자세는 데카르트주의가 지속적으로 영향을 끼치고 있다는 표시로 간주될 수 있을 것이다. 공간과 시간 안에서 육체의 운동에 묶인 외적인 행위와 결정의 내적인 과정을 두 종류의 자유로 나누는 것은 데카르트의 이원론을 극복하고자 수백 년간 노력해왔음에도 여전히 잔존하는 데카르트의 유산 중 가장 끈질긴 것이다. 개념적인 구분은 존 로크(1632~1704)와 데이비드 흄(1711~1776)으로 거슬러 올라간다. 그들은 의지의 자유를 부정할 수밖에 없었지만(로크 1690, 21장, 193-238쪽; 흄 1748, 8장, 80-103쪽) 서로 비슷한 방식으로 인간 행위의 자유를 옹호했다. 이에 대해 가장 간명하게 표현한 이는 우리가 1장에서 살펴본 바와 같이 다음과 같은 질문을 던진 쇼펜하우어이다. *나는 내가 원하는 것을 할 자유가 있다.(행위의 자유) 하지만 나는 내가 원하는 것을 원할 자유도 있는가?(의지의 자유)* 이에 따르면 행위의 자유는 어떤 외적인 강제도 받지 않고 자신의 결정을 실행하는 것에 있다면, 의지의 자유는 보다 더 까다로운 능력을 말하는데, 이는 이러한 결정을 독립적으로, 즉 자기규정적으로 내릴 수 있는 능력이다.

하지만 행위하기 위해서가 아니라면, 무엇 때문에 결정을 내리는

가? 사실 앞에서와 같이 우리의 결정을 실행한다는 표현에서 결정*과* 그 실행을 구분할 수는 있다. 이것의 유의미성은 우리에게 늘 무언가가 '그 사이에' 끼어들 수 있기 때문이다. 하지만 다른 한편으로 우리가 끊임없이 결정을 내리면서 그중 어떤 하나도 실행하지 않는다면, 결정이란 말이 정확한 말일까? 우리가 상식적으로 행위 불능의 인간을 결정 내리기를 좋아하는 유형이라고 지칭할 수 있을까? 이 두 가지가 일반적으로 서로 분리될 수 없다는 점은 너무나 명백하다. 결정은 애초부터 행위를 지향하고 있다. 결정은 행위의 성격에 포함되어 있는 것이다.

의지와 행위의 연속성에 대한 사고를 주창한 사람은 칸트이다.(1785, 394쪽, 414쪽) 그는 『도덕 형이상학의 기초』에서 *단순한 소망*과는 실제 목표 설정에서 실현을 지향하는 의지를 구분하고 있다. 내가 소망을 품고 오로지 나 자신에 집중하여 아무런 행동도 하지 않을 수 있다면, 의지는 그 자체가 늘 실천적 투여, 즉 행위를 통한 내 목적의 실현을 지향한다. 오늘날의 사상가들은 이것을 의지로서 영향을 갖기 위해 "행위 활동"을 해야 하는 *소망*이라고 표현한다.(비에리 2001, 37쪽) 이에 따르면 우리가 원하는 것을 실현하기 위한 행위를 의미하지 않으면서 무엇을 원한다고 하는 것은 무의미한 발언이다. 따라서 칸트는 근본적으로 행위를 의지가 투여되는 목적을 위한 수단으로 본다. 즉 의지의 자유는 행위에서만 실현되며, 그렇다면 의지의 자유와 행위의 자유의 구분은 필요 없게 된다.

이러한 사고가 체계적으로 모든 *성공한* 행위의 개념에 해당된다면, 행위의 실패와 관련해서 의지의 자유와 행위의 자유를 구분하는 것이 타당하다는 요구는 이해될 수 있다. 즉 이 요구는 외적 세계의 조건에 의한 우리 행위의 제한이라는 경험 지식에 기초하고 있다. 다른 것들과 다른 이들이 나를 방해하여 내 의지를 관철하는 것이 빈번히 성공하지 않는 것은 나의 *행위*의 제한이다. 여기에서 내 *의지*가 자유롭지 못하다는 것이 도출될 수는 없다. 결정론자들의 회의와는 달리, 비록 의지가 자유롭다 하더라도 주어진 상황에 따라서는 인간이 의지 결정과정에서 시도하는 모든 것이 성공적으로 실천으로 옮겨질 수는 없다. 우리가 행위자로서 신경을 써야 하는 방해와 제약이 얼마나 많은지는 누구나 알고 있기에, 칸트(1788, 124쪽)는 "그 실존 전체에서 모든 것이 소망과 의지에 따라 이루어지는" 그 상태를 *행복Glückseligkeit*이라고 규정하는 것을 이해할 수 있을 것이라고 확신했다. 이러한 상태가 얼마나 드문가에 대한 통찰이 행위의 자유와 의지의 자유를 구분하는 아마도 가장 중요한 동기일 것이다.

이때 개별적인 경우건 아니면 전체적으로건 자유 자체를 상정하는 것에 대해 회의적인 입장을 갖는 사람들도 이 정도는 용인해줄 수 있다. 즉 행위가 외적인 제약으로부터 독립해서 가능하다고 해도, 그것이 결정의 자유에 대해서는 여전히 아무런 증명이 되지 못한다는 것은 맞는 말이다.(투겐트하트 2007, 45쪽 이하) 행위를 위한 규정과 관련해서 우리는 의지의 자유를 독립적으로 무언가를 결정할 능력으로 파악한다. 따라서 행위의 자유와 의지의 자유를 구분하는 동기는 독립이라는 기준을 염두에 두고 발생한다. 즉 우리의 결의는 외적인 방해에 제한 받지 않고 실행에 옮겨질 수 있다. 하지만 이때 그것은 처음부터 *어떤 영향* 아래 있을 수 있다. 칸트(1788, 97쪽)는 이 위험을 "구이 고기 뒤집는 사람의 자유"라는 극단적인 비유로 표현했다. 아무런 방해 없이 드러나지만 행동의 자극이 외부로부터 오기 때문에 단순히 아무 생각 없이 자동으로 발생하는 행위의 자유를 두고 하는 말이다. 내 행위의 판단을 위해서는 단순히 내가 (아무런 방해도 받지 않고) 나 *자신을* 움직인다는 것만이 중요한 것이 아니다. 오히려 결정적인 것은 내가 나를 스스로 움직인다는 것이다. 의지가 자유로워야만, 다시 말해 외적인 모든 종류의 타율적인 요소로부터 자유로워야만 우리가 의미하는 자유를 갖는 것이다.

외부의 간섭과 마찬가지로 중요한 것은 우리의 일상적인 어법에 따르면 사실 의지와 마찬가지로 고유한 내면에 속하는 것이지만, 그것이 의지의 근거를 넘어 독자적인 역학을 전개시킬 경우 의지의 자기규정에 대해 마찬가지로 외적인 그 어떤 영향들이다. 쉽게 생각해볼 수 있는 것이 조절되지 않은 감정, 즉 열정이나 칸트와 동시대인들이 감각적 경향이라고 지칭한 것들의 영향이다. 바로 이 영향에서 나온 의지의 연약함을 보통사람들은 "정신은 원하지만, 몸이 따라주지 않는다"고 표현한다. 그리고 이 영향이 오래 전부터 의지의 자유에 대한 의혹을 부추기고 있다.

의지의 자유를 *독립적으로 무언가를 결정하는 능력*이라고 할 때, 그것은 그 독립성 규정의 타당성을 말하고 있는 것이다. 즉 고유한 동기들을 스스로 판단하면서 그중 충분히 논증을 댈 수 있는 동기에 기대어, 그것을 결국 합당한 근거로 내세워 무언가를 결정하는 것이다. 이것은 논쟁의 숙고과정을 근거로 앞에서 묘사한 결정 능력이며, 우리는 이것을 자유의지라 부른다. 자유의지는 직접적인 우리 소망의 충족을 지연시키면서 우리가 만들어낸 "숙고의 여지"에 존재한다.(투겐트하트 1992, 339쪽) 이러한 "여지"가 말하는 것은 무엇이 우리와 타자에게 좋은지 여부를 여러 근거들을 놓고 검사, 판단하는 것이다. 에른스트 투겐트하트(2007, 48쪽)에 따르면 지연, 숙고 그리고 근거가 "의지 자유의 구조"를 결정한다. 이 규정은 자유의지의 문제에 대한 성찰에서 계속 반복해서 접하게 되는 규정이다. "그가 다르게 할 수도 있었을 텐데"라는 말은 근거에 대한 그 같은 여지를 상정한다는 데서 의미를 갖는다. 자기가 이것을 할지 저것을 할지, 아니면 적어도 어떤 것을 할지 말지를 재량할 수 있는 자만이 근본적으로 자신이 하는 것과 다른 식으로 행위할 수 있다.(비른바허 1995 참조) 자신의 의지에 대한 통제는 자신이 원하는 것에 대해 "이런저런 식으로 태도를 가지는",(투겐트하트 2007, 55쪽) 다시 말해 "근거에 따라 태도를 바꾸는"(50쪽) 개인의 유연성에 바탕을 둔다.

여기서 행위의 근거로 댈 수 있는 것들의 기능으로 제시되는 것을 칸트는 종종 상세하게 "행위 근거(동기)Bewegungsgrund"라고 풀어서 설명했는데, 이는 행위를 행위로 만드는 요소를 강조하기 위해서이다. "욕망의 주관적 근거는 충동이며, 의지의 객관적 근거는 *행위근거*이다. 따라서 충동에 기초하는 주관적 목적과 모든 이성적 본질에 해당하는 *행위근거*를 기반으로 하는 객관적 목적 간에는 차이가 있다."(칸트 1785, 427쪽) 모든 구체적 의도에 포함되어 있는 동기, 즉 "단순히 주관적인 충동"과 근거의 차이는 관점Einstellung의 합리성 여부에 있다. 근거는 여기서 제시된 용어를 쓰자면 그 어떤 충동을 말하는데, 그것은 우리가 이성적인 요구를 통해 전유한, 따라서 논증적으로 대변될 수 있는 것이다.

이러한 자유의지의 숙고적 능력과 관련하여 니다-뤼멜린(2005, 30쪽) 역시 자유로운 행위의 합리적인 상태를 강조한다. "합리성이 뜻하는 것은 *행위는 근거에 의해 주도된다*는 말이다." 스스로를 근거를 통해 규정할 수 있다는 것은 개념적인 이해, 성찰, 사후적으로 재구성할 수 있는 평가와 성찰을 전제로 한다. 즉 순수하게 합리적인 능력을 말한다. 칸트가 이론 이성이라고 한 *인식성취* *Erkenntnisleistung*에 빗대서 니다-뤼멜린(36쪽 이하)은 우리가 자연법칙적인 결정론을 부정하면서 대변하고 있는 *이론 휴머니즘*을 언급한다. 의지는 사실 실질적인 결정심급 그 이상이지만, 그것은 또한 늘 사유의 형식이다. 자유로운 의지형성 능력을 간섭하지 않는 행위의 제한을 염두에 둘 때, 행위의 자유와 의지의 자유를 구분하는 것이 합당한 의미를 드러내는 바로 그 지점에서 고유한 동기의 자기규정적 해명에 있어 중요한 것은 사유적인 완성gedanklicher Vollzug이라는 점이 분명하게 드러난다. 이렇듯 의지의 자유는 우리가 사유의 자유라고 부르는 것에 근거를 두고 있다.

우리는 사유의 자유에서 모든 자유의 기본 요소를 볼 수 있다. 그것은 한편으로는 사유를 넘어서는 모든 여타의 자유가 통합된 최소한의 수준이라는 의미에서의 기본 요소이며, 다른 한편으로는 실현의 모든 형식이 활동하는 매체라는 의미에서 기본 요소이기도 하다. 따라서 행위와 의지의 자유를 다룸에 있어서 사유의 자유를 소홀히 해서는 안 된다.

"나는 생각한다, 고로 나는 행위한다": 자유의 연속성

이미 데카르트(1641, 46쪽 이하)에게는 과격한 회의론자도 의문시 할 수 없는 사유Cogito가 독자적인 판단 및 그와 더불어 독자적인 결정의 기초이다. "우리의 의지는 이성이 좋고 나쁜 것으로 보여준 그 무언가를 추구하고 회피할 정도로만 결정한다. 그렇기 때문에 바르게 행동하기 위해서는 바르게 판단하는 것이 그리고 최선을 이루기 위해서는 최선의 힘에 따라 판단하는 것으로 충분하다."(데카르트 1637, 47쪽) 이것이 함축하는 말은 자유에 대한 회의나 비판조차도 이 사유의 자유를 전제로 한다는 것이다.

칸트는 이 *사유*에 다른 방점을 찍는다. "자아는 내가 스스로 행위한다는 것을 증명한다. *나*는 원칙이지 원칙의 대상이 아니다. [···] 내가, 나는 생각한다. 고로 나는 행위한다 등을 말한다면, 그것은 나라는 말을 잘못 사용했거나, 아니면 내가 자유롭다는 말이다."(칸트 1779/80, 268쪽 이하)

1779, 80년의 강의를 푈리츠가 엮은 『푈리츠 형이상학』에서 칸트는 이렇게 말했다. 당시는 그가 막 인과적으로 결정된 세계에서 자유의 사유가능성을 증명하려고 했던, 하지만 행위의 실천적 자유는 아직 근거를 규정하지 못했던 때였다. 여기서 이미 쇼펜하우어가 논쟁적인 태도로 단순화시켜 *자기의식으로부터의 자유의 도출*이라고 지칭했던 내용이 드러난다.(이 책 1장, 45쪽 이하 참조) 눈에 띄는 별다른 거추장스러운 이론적 개입 없이 칸트는 이미 일인칭 대명사 단수를 통해 자유 개념의 의미론과 화용론을 끌어내면서 인간

의 자기이해로부터 논증을 펼치고 있다. 외부로부터의 기대에 맞서는 자립성을 나타내는, 보기에는 단순하지만 실제로는 대단히 전제가 많은 간단한 "아닙니다!"라는 표현에서도 자유와 결부된 주장이 분명히 드러난다.(플레스너 1928 참조) 하지만 사실 '나'라는 표현에는 두드러진 지위가 부여된다. '나'라는 단어의 사용과 결부되는 특별한 의미로부터 우리는 자신의 실제적 이해를 위한 결과를 끌어내야만 한다는 것이다. 이를 위해 우리는 단순히 언어유희의 차원에 머물러서는 안 된다. '나'는 인칭대명사의 단순히 문법적인 기능으로 볼 때 다른 인칭대명사와 다를 바 없다. '나'(혹은 '나 자신')라는 표현을 그 권한을 염두에 두고 사용하면, 거기에는 특별한 복합성의 인지적, 심적 능력이 드러난다. 나라는 말은 이 복합성이 능동적으로 각인된 말이다.(투겐트하트 2007, 58쪽 이하 참조) 그 말에 표현되는 성찰적 자기의식에는 단순히 "규정된 여지의 의식"만이 아니라 "동기의 인과 흐름 대신 내가 책임을 지는 일종의 이유에 대한 질문 중단 Warumstopp"이 등장한다.(59쪽 이하)

위에서 보듯이 칸트는 이것을 원칙이라는 개념으로 일반화했다. 그의 언표는 그가 "원칙"이라는 표현에 부여한 의미에 따라 이렇게 번역될 수 있다. 내가 나를 "나"라는 말로 관계 짓는 자기이해가 근원이며, 이는 어디로부터 도출된 것이 아니다. "나"라는 근원성이 그 자체의 자기활동성과 관계된 심급의 자발성이다. "나"라는 말은 객관적으로 규정할 수 있는 공간-시간-장소를 지칭하는 것도, 그렇다고 언어로만 이해될 수 있는 언어유희 내의 단순한 체계 장소도 아니며, 오히려 자기관계이다. 즉 우리에 대한 우리의 사유에서 스스로 근거를 만들고 우리의 실천에서 나타나는 그 무엇이다. 이러한 특성을 통해 자유의 선택권이 정초된 것이다. 이미 아우구스티누스가 보여준 통찰을 근거로(이 책 1장, 30쪽 참조) 소유대명사의 사용과 관련하여 꼭 집어서 이렇게 말할 수 있다: 내가 자유로워야만 *나의* 행위에 대해 언급하는 것이 의미가 있다. 내가 결정된 존재라면 내가 하는 것은 나의 행위가 아니다. 그것은 나에게서 혹은 나를 통해 수행되는 그 어떤 효과일 것이다. 내가 자유로워야만 행위는 그 원인으로서의 나에게 귀속되며, 그래야만 행위에 대해서 '나'와 '나의'라는 단어에서 나타나듯이 전유관계가 성립한다.

칸트가 첫눈에 보기에는 당혹스러운 문장으로 대변하는 것을 이렇게 설명할 수 있겠다. 만일 "나는 행위한다"라는 말이 동시에 내가 자유롭다는 요구를 담고 있는 것이 아니라면 그런 말을 하는 의미가 있겠는가? 그렇다면 차라리 로베르트 무질이 비아냥거리며 말한 것처럼 "그 같은 일이 일어난다"라고 하듯이 *그것이 행위한다*거나 혹은 *무언가가 행위한다*라고 확인하는 것에 머무는 것이 더 적절할 것이다. 실제로 우리는 이러한 표현방식을 비판적인 의도에서 꼬아서 말할 때 사용하지만, 사실 이런 낯선 방식으로 우리 자신에 대해 사유하지는 않는다.

나는 생각한다. 고로 나는 행위한다 등을 말한다면, 그것은 "나"라는 말을 잘못 사용했거나, 아니면 내가 자유롭다는 말이다. 칸트가 명시적으로 사유에 대해서뿐 아니라 행위에 대해서도 똑같이 그 타당성을 요구하면서 이런 대담한 성찰을 한다는 것은 꼼꼼히 살펴보아야 할 부분이다. 행위의 자유와 의지의 자유라는 통상적

인 구분에서 출발하여 우리는 마지막에 다음과 같은 표현을 기대했을지 모른다. *내가 행동하는 것은 내가 원한 것이다.* 칸트가 이와 다르게 행위와 사유를 연결시킨 점에서 우리가 주목해야 할 것은 행위의 자유를 의지의 자유에 의존하게 한 점은 그것이 단순히 "구이 고기 뒤집는 사람의 자유" 이상일 수 있으며, 결국은 *사유의 자유*로 이어진다는 것이다.

사유의 자유와 자기규정

요한 고트리프 피히테(1770~1813)는 『지식학 제1 서론』(1797)에서 행위의 실천적 자유에 전제되어야 하는 자유 개념을 도입한다. 즉 그는 우리가 인식 활동과 우리 의식의 표상들을 다룸에 있어 갖게 되는 자유에 대해 언급하면서 명시적으로 인식의 자발적인 오성활동이라는 칸트(1787, B 129–146쪽)의 구상으로부터 결론을 도출한다.

피히테는 인식 내용과 결합된 의식과는 완전히 반대로 인간이 "자유의 […] 감정" 자체를 특정한 자기관찰 상황과 연결시키는 일상의 의식에서 출발한다. "우리의 상상, 우리의 의지는 우리에게 자유로운 것으로 현상한다."(피히테 1797, 422쪽 이하) 하지만 "모든 경험의 근거"(425쪽)에 대한 근본적인 성찰을 통해서 그는 인식에서의 부자유와 의지에서의 자유 사이의 이런 구별은 무기력하다는 것을 제시하려고 한다. 이를 위해 그는 데카르트의 사유-논증에서 유추한 추상화 절차를 사용한다. 데카르트는 인식의 확실성을 추구하면서 다음과 같은 결론에 도달했다. 내가 인식한 모든 사물의 존재에 대한 근본적인 회의에도 불구하고 한 가지는 결코 의심할 수 없는데, 즉 내가 회의하고 있다는 것, 회의하고 있는 사람은 나라는 점이다.

피히테에게 중요한 것은 유추적 통찰이다. 즉 내가 경험하고, 의식 속에 그 표상을 가지고 있는 모든 대상에 있어서 내가 그 모든 것을 추상해버리면, 결국 나의 사유 그리고 그것의 자유만이 남는다.(429쪽 참조) 따라서 철학적으로 숙고하는 사람은 필연적으로 모든 대상인식에 있어서 방법론적으로 더 이상 물러날 수 없는 기초로서의 "사유의 자유"(425쪽)에 이르게 된다. 하지만 사유자는 스스로를 자신의 고유한 의식의 대상으로 만들면서 "자기규정"(427쪽)이라는 행위를 수행한다. 사유자의 자아는 우리가 사유 속에서 인식 대상을 추상화하면서 "직접적 자기의식"을 갖게 되는 바로 "정신의 자유로운 행위"(429쪽)에 본질이 있다. 피히테는 이것을 "제1행위"이라고 칭한다.(433쪽)

그는 이러한 사고의 단초를 통해서 자신을 초월적 관념론의 칸트적 입장을 대변하는 사람으로 이해한다.(421쪽) 맞는 말이다. 이러한 사상은 칸트의 이성비판 전체의 기초를 이룬다. 칸트 역시 인식을 설명하기 위해서는 인식 주체의 능동적인 활동을 전제로 해야만 한다. 즉 오성은 활동하는 것으로, 그것도 자기 활동을 하는 것으로 사유되어야 한다. 오성의 자발성이라는 개념이 바로 그 의미다. 그리고 칸트도 이미 나중의 피히테와 마찬가지로 오성의 행위와 상상력의 행위에 대해 언급하고 있다. 따라서 우리는 이미 칸트에게서 주체의 근본적인 자유에 대한 표상을 지적한 바 있으며, 이는 실천적인 행위에서 비로소 나타나는 것이 아니라, 바로 주체의 사유 속에서 표현된다.

이 두 사상가는 인식과 사유를 활동으로 구상했으며, 따라서 자유의 개념을 정신의 자기 활동에 적용하는 것이 이상한 일은 아니다. 피히테의 목표는 명시적으로 자유를 사유의 규정으로 주장하고, 이러한 근본적인 형식에 있어서 행위의 실천적 자유에 종속되는 이 사유가 명백하게 관철될 수 있도록 하는 것이다. 관념론, 그러니까 사유의 행위를 자기규정의 제1행위로 보고 동시에 모든 경험의 근본이라고 주장하는 이 철학은 피히테나 칸트에게 *자유의 철학*이다. 그렇기 때문에 관념론만이 인류의 "최고의 관심"에, 즉 "우리 자신을 위한"(443쪽) 관심에 응당한 철학이라고 하는 것이다. 이것은 지금까지도 그 현실성을 유지하고 있다. 로데릭 밀톤 치솜(1964)의 경우처럼 자유란 *행위자의 인과작용* 혹은 *심적 인과작용*에 의해 보장된다는 개념 구상에서 이 관념론적 이론의 유산을 찾아볼 수 있다.

사유의 자유를 수미일관되게 밀고 나가면 자유로운 의사표현의 옹호에 이르게 될 수밖에 없다. 「유럽 군주들에게 사유의 자유를 반환할 것을 요청함」이라는 논문에서 피히테는 다음과 같은 의견을 피력한다. "자유롭게 사유할 수 있다는 점이 인간의 오성과 짐승의 오성의 명백한 차이이다."(피히테 1793, 13쪽) 인간에게 "자유로이 그리고 자체의 운동으로부터" "이것은 *원하고*, 저것은 *원하지 말라고*" 명하는 "인간 속의 이 법칙", 즉 양심은 이러한 자유의 표명이다. 그것은 인간을 "상속될 수도, 팔 수도, 또 선사할 수도"(11쪽) 없는 그리고 어떤 경우에도 자신의 자유로운 사상을 자유롭게 발언할 권리를 가져야 하는 자유로운 본질로 만드는 능력이다. "사유의 자유에 대한 발언은 의지의 자유에 대한 발언과 마찬가지로 인격의 내적인 본질이다."(14쪽) 피히테가 여기서 사유의 자유를 양도될 수 없는 인간의 권리로 선언하고 있다면(23쪽) 그것은 단순히 "모든 가능한 숙고 대상에 대한 자유로운 연구가 임의의 방향으로 나아가거나 무제한적으로 흐르는 것을"(23쪽) 의미하는 것이 아니다. 사유의 자유는 오히려 수긍할 만한 방식으로 매개되어, 단순한 발언Äußerung을 넘어 남에게 알리는 공지Mitteilung와 연관된다.(15쪽; 이 책 4장 139쪽 참조)

사유의 자유가 담론과는 다른 형식을 취한다는 것은 미적 경험의 자유에서 분명하게 드러난다.(이 책 4장, 142쪽 이하 참조)

자유의 개념에 포함된 자유의 다양한 개념들

일상의 언어 사용에서 자유의 다양한 의미를 분리해 생각할 수 있다. 오트프리트 회페에 따르면 방해 받지 않은 동작에서 시작해, 이성으로부터 나온 자기입법으로서의 자율성에 이르기까지 "자유의 단계"는 다섯으로 나눌 수 있다. 1. "공중을 나는 독수리처럼 자유롭게" 혹은 "바람처럼 자유롭게"라든가, "'물체의 자유 낙하' 그리고 '공간에서의 자유로운 유영'"이라는 표현에서 잘 드러나듯이 우리는 자체의 고유한 역학에 의해 아무런 방해도 받지 않고 진행되는 신체의 동작을 *자유롭다*고 부른다. 2. 특수한 의미에서는 외적인 강제가 아니라, 어떤 식으로든 주체로부터 발생하는 행동은 자유로운 것이다. "예를 들어 어떤 사람이 심하게 부딪혀 넘어졌다면, 부딪히는 사람은 자유롭고, 넘어진 사람은 그렇지 못하다."(회페 2006, 88쪽) 3. 그것이 단순히 외적인 강제가 없을 뿐 아니라, 알면서, 즉 의식적으로 완수된 어떤 태도 혹은 행위는 자유롭다. 이는 아리스토텔레스에 의해 도입된 *자발성Freiwilligkiet*을 결정하는 규정이다. 4. 이것으로부터 규칙 혹은 법칙을 따름으로서 방법론적 행위로 분류되는 자유의 의미가 구분될 수 있다. 그리고 마지막으로 5. 그 담지자가 스스로 법칙을 세운다는 점에서 두드러지는 자율성 개념에서 틀을 갖춘 자유가 그것이다.

쉽게 알 수 있듯이 자유의 처음 두 단계는 단순히 인간의 행위에 관련된 것이 아니라, 동물, 식물, 심지어 대기와 돌과 같은 무생물체에도 해당되는 동작과 관계가 있다. 세 번째 단계부터가 인간의 자기이해에 대한 기술이다. 즉 행위의 자유로서의 의지의 자유를 다루고 있다. 그리고 네 번째 단계부터는 바로 오늘날 대부분의 의지의 자유 이론가들이 자체의 통찰 기준에서 근거로 강조하고 있는 자유와 합리성의 결합에 관한 것이다. 이것은 또한 마지막 단계에도 해당되는데, 칸트가 대변하는 강력한 의미에서 자율성으로서의 자유이다.

이러한 구분에서 정리된 차이점과 관련해서 자유 개념의 상이한 의미들을 언급할 수 있겠다. 자유의 여러 형식들 안에서 그것들의 단계와 정도를 구별하는 것은 무슨 의미가 있을까? 인간의 의지와 관련하여 다음과 같은 통찰이 타당하다는 것을 확인할 필요가 있다. 즉 인간 의지의 형성은 부분적으로는 능력의 단계적 발전으로, 또 부분적으로는 의지에 유리한 조건들을 실제로 산출해내는 것으로 파악될 수 있는 경험적인 전제들과 결부되어 있다. 자율성으로서의 자유가 방해 받지 않는 동작이라는 조건과 외부 강제로부터의 자유라는 조건 없이 실현될 수 있다고 생각하는 것은 얼토당토않은 일이다. 하지만 자유의 단계들을 체계적으로 상정하는 것은 그 밖에도 세계 전체와 그 안에서 우리의 위치와 관련된 두 개의 이해관계를 결합시킬 수 있는 기회를 제공하는데, 그 하나는 자유란 위에서 기술한 바와 같이 행위자로서 우리의 고유한 자기이해와 결부된 정교한 의미에서 합리성과 결합되어 있다는 요구이며, 다른 하나는 살아 있는 자연에서는 이러한 요구수준 이하에서도 그 나름의 의미에서 자유가 존재하고 있다는 직관이다.

자유 사유의 역사에서는 늘 반복해서 자유의지를 무차별적 선택의지로 이해하는 단순한 선택의 자유가 진정한 의지의 자유로 설명되었다. 수긍할 만한 반론을 제기하자면, 이렇게 아무런 기준에 묶여 있지 않은 선택의 자유는 사실상 인간의 의지 결정을 단순한 우연에 맡긴다는 것이다. 그렇게 되면 외부 규정과의 치명적인 유사성이 등장하며, 이는 결국 자유와 정반대되는 결과에 이르게 된다. 내가 나의 자유에서 어떤 것을 결정하는지가 임의적으로, 그러니까 합리적인 기준에 의하지 않고 규정된다면, 원인과 근거 사이의 구분은 무의미하다. 생각할 수 있는 가장 강력한 근거도 무차별적인 자유에 맡겨진 인간에게는 자연의 인과관계에서 작용하는 원인 중의 그 어떤 하나에 지나지 않는다. 즉 작용하는 힘의 강력함 이외에 다른 어떤 것에 의해 권한을 부여 받을 필요가 없이 자기 스스로를 관철하는 원인 그 자체에 지나지 않는다. 단순한 선택의 자유는 가장 강력한 외부 원인의 타율성과 같은 것이 된다.

칸트는 작동 원인들의 인과관계와 초월적 자유 개념의 결합을 통해(이 책 2장, 78쪽 참조) 자유의 사유가능성을 논증하면서 우선 이 같은 *부정적인 자유*로부터 출발한 다음, 앞에서 기술한 방식의 자기 반론을 다루면서 *자율로서의 자유* 구상에 이르게 된다.(팀머만 2003 참조) 타율은 역설적으로 말해서 "동인Bewegursache" 자체에서 그 타당성을 확보할 수 있는 기준들을 통해서만 배제될 수 있다. 다른 말로 하면, 이 동인들이 근거로서 유용해야 한다. 이렇게 해서 입법적 규칙의 심급으로서 사유되는 이성과의 연관이 체계 구성에 필요한 것으로 선언된다. 인과 결정의 연관관계로서의 자연법칙성에 대해 앞에서 주장한 자유에 의한 인과성 측면에서 무언가 맞세우는 것이 가능하려면, 이성의 법칙성 아래에서 자유를 사유해야 한다. 이러한 추론을 통해서 인간 행위의 법칙성을 표시하는 사유의 길이 드러난다. 그리고 이 법칙성은 오직 인간의 이성만이 스스로에게 처방할 수 있는 것이다. 단순한 무차별적 자유의 불충분성에 대한 칸트의 원래의 통찰에 따르면 근거에 기초한, 인간 자유의지의 합리성을 내세우는 행위에 대한 궁극적인 인정은 *자율로서의 인간의 자유*가 실현되는 도덕법칙(이 책 2장, 82쪽 이하 참조)에서 나온다.

자유와 책임

자유와 책임이 상호 규정하고 있다는 것은 실천적인 자기이해의 상식에 속한다. 책임성은 인간이 행동에 대해 가지는 책임능력을 말한다. "모든 귀책은 그것이 개인의 자유에서 발생한 것인 한에서는 행위에 대한 판단이다."(칸트 1775–85, 66쪽) 책임은 자유의 양상이며, 그것은 내가 나의 행위에 대해 해명해야 한다는 것을 말한다. 책임이 장본인인 내게 지워질 수 있는 한 나는 그것을 정당화해야 한다. *도덕적인* 판단의 경우 해명한다는 것은 내가 내 행위의 근거를 제시하고, 문제가 되는 경위에는 그것을 옹호한다는 것이다. 내 스스로 고민하여 어떤 것에 대해 스스로 근거를 마련하든 아니면 다른 사람들에게, 즉 공개적으로 하든 이와 무관하게 작용하는 것이 일반적으로 근거 제시의 구조이다. "우리는 누군가가 근거를 헤아릴 수 있는 능력이 없다는 인상을 받으면 그 사람에게 책임을 묻지 않거나 부분적으로 묻는다. 우리는 그가 자신의 결정에서 자유롭다고 생각하지 않는 것이다."(니다-뤼멜린 2005, 38쪽)

"책임을 지다, 책임"이라는 표현은 법정에서 기소 내용에 답변한다는 라틴어 respondere의 번역어이다. 우리는 전체 법체계를 구성하는 책임능력이라는 표상을 통해 인간은 원칙적으로 자유롭다는 입장에서 출발하는 자기이해성을 인식할 수 있다. 그리고 책임능력은 일반적으로 상정된 귀책능력을 전제로 한다. 원칙적인 가정의 예외 조항을 판단함에 있어 방법상으로 신중함을 기하는 것에서도 이 규정을 확인할 수 있다. 만일 책임원칙을 배제하려면, 행위가 특정한 영향 하에 있다는 것이 입증되어야 한다. 즉 통상적이며 일반적으로 가정되는 삶의 조건과 비교하여 명백하게 낯선, 즉 외부로부터 행위에 작용하는 원인으로 분류될 수 있는 영향을 입증해야 하는데, 정신착란, 심리장애, 최면이나 마약중독 상태에서 행한 행위가 이에 해당한다.

현대 법은 그러한 요소들과 관련하여 상당 정도 세분화되어 있으며, 일례로 독일에서는 형법 20조에 다음과 같이 명시되어 있다. "행위를 함에 있어 병에 의한 심적 장애, 심대한 의식 장애, 정신박약 혹은 다른 심적인 비정상을 이유로 행위의 불법을 인지하지 못하거나 이러한 인지 내용에 따라 행위할 수 있는 능력이 없는 자는 행위에 대해 책임을 지지 않는다." 만일 형사소송에서 한정된 책임능력이나 경감 조건들을 주장하기 위해서는, 이러한 규정에 따라 법원에서 이미 인정될 수 있고, 또 인정되어야 하는 모든 요소들이 윤리적 관점에서도 타당성을 가져야 한다. 이런 규정을 예외로 인정하는 것은 인간 행위의 일반조건으로서의 자유의 가정에 기초하고 있다.(이 책 2장, 89쪽 이하 참조)

철학적으로 귀속가능성과 권한이라는 기본적 의미에서의 책임 개념에 처음으로 행위론적인 그리고 윤리적인 차이를 부여한 사람은 『니코마코스 윤리학』에서 인간의 행위에 자발성이라는 특징을 부여한 아리스토텔레스이다. 우리는 이를 획기적인 사건으로 보아야 한다. "강제와 무지에서 행하는 것은 비자발적이며, 행위자의 원칙으로서의 자발성이란 행위자가 행위의 개별 상황 역시 알고 있다는 것을 말한다."(아리스토텔레스, 『니코마코스 윤리학』 III, 3쪽, 111a) 인간의 행위를 자발성으로 특징짓고 거기에 강제의 부재와 해당 상황에 대한 지식이라는 두 측면을 강조하는 것에 우리가 지금까지 그것을 자유의 상관 개념으로 이해하는 책임 개념의 기원이 있다. 『에우데모스 윤리학』에서는 이렇게 말하고 있다. "인간이 그 기원이자 지배자인 모든 행위의 발생과 비발생은 인간에게 달려 있다. […] 그 수행과 비수행이 인간에게 달려 있는 모든 행위에 대하여 인간 그 자신이 장본인이다."(아리스토텔레스, 『에우데모스 윤리학』 1223a, 4-19) 인간의 덕이나 부덕의 평가에 있어 그리고 칭찬과 질책에 있어 적합한 판단이 중요하기 때문에 우리는 행위를 그 장본인에게 귀속시킬 기준이 있어야 한다. "이제 우리 모두가 합의한 바는 다음과 같다. 의도적으로 그리고 각 개인의 결정에 따라 일어난 일에 대해서는 인간이 그 장본인이다. […] 그리고 자신이 결정해서 실행에 옮기는 모든 것을 그는 당연히 의도적 행위자로서 하는 것이다."

이러한 권한 개념은 전체 행위이론적, 윤리적 그리고 법적 사유에서 오늘날까지도 영향을 미치고 있다. 칸트가 적절한 예가 되겠지만, 19세기 말까지 많은 사상가들은 귀책, 권한 혹은 책임에 대해 언급하고 있는데, 그 내용에서는 아무런 차이가 없다. 1870년대에 이 개념을 용어로 정착시킨 첫 번째 인물은 아마도 프리드리히 니체일 것이다. 그리고 이 책임이라는 개념은 막스 베버(1864~1920)가 자신의 논문 「직업으로서의 정치」(1918)에서 제안한 심정윤리Gesinnungsethik와 책임윤리Verantwortungsethik 간의 의문의 여지가 많은 구분을 통해 결정적으로 확산되었다. 현상학과 실존주의를 거치면서 이 개념은 현재의 논의에서 필수 불가결한 것이 되었다.

한스 요나스(1903~1993)의 저서 『책임 원칙』(1979)은 환경 위기라는 의식에서 책임이라는 주도 개념에 더 많은 실천적 관심을 부여하려는 시도이다. 이 저서에 따르면 책임 개념은 현재의 논쟁에서 그 의미가 계속 세분화되고 있다. 우리는 책임이 최소한 세 가지 관계를 통해 규정된다는 것을 명확히 알고 있다. 즉 책임의 본질은 항상 1. 책임의 주체, 2. 책임의 대상 그리고 3. 평가척도 체계 간의 관계에 있다.(바예르츠 1995, 6쪽) 여기서 조금 더 세분화 해보기로 하자. 만일 1. 누군가가 2. 무엇에 있어서 3. 어떤 수신인에 대해 4. 판단의 심급 앞에서 5. 규범적 기준과 관련하여 그리고 6. (책임) 분야의 틀 내에서 책임이 있다는 것을 우리가 고려한다면,(렌크/마링 1993, 229쪽) 그리고 더 나아가 이렇게 파악된 책임은 그것 자체의 개인적인 결과와 관련하여 근거 논증의 요구를 충족시켜야 하는데, 그렇기 때문에 책임은 마지막 심급에 가서는 결국 *자기책임*에 그 근거를 갖는다는 것을 성찰적 태도를 가지고 분명히 한다면, 책임이라는 개념에는 일곱 자리의 관계가 드러난다.(게르하르트 1999, 307쪽 이하 참조)

책임 원칙에 대한 주석: 의지의 자유와 형법

만일 의지의 자유가 허상으로 밝혀진다면, 지금까지 실행되어온 형태의 형법은 우리의 문화에서 포기될 수밖에 없어 보인다. 행위자가 *근본적으로 언제든지* 실제 그가 하는 것과 *다르게 행위할 수 있다*는 가정과 결부된 책임 개념이라는 의미에서의 귀책능력과 의지의 자유 간의 관계는 너무나 자명하기 때문이다. 범죄자가 근본적으로 언제든지 다른 식으로 행위할 수 있다는 것을 부정하거나 적어도 입증 책임의 결과를 근거로 이를 의심할 경우 입법기관의 의무는 "무죄추정" 원칙을 따르는 것이며, 독일 형법 20조에서 용인된 바와 같이 책임무능력의 예외적인 경우를 규칙으로 삼아야 한다. 왜냐하면 환자나 중독자들에게 상정된 책임무능력이 원칙적으로 모든 범죄자들에게 확대될 수 있기 때문이다.(록신 1994, 708쪽) 이에 따라 형벌과 책임주의Schuldprinzip의 정당성에 대해 논의가 활발하며, 이는 신경생리학의 요란한 요구 내용에 의해 더욱 가속화되고 있다.(포타스트 1987, 387-399쪽; 록신 1994; 데트레프젠 2006; 메르켈 2008이 그 예이다. 이에 대해서는 파우엔 2004, 229-239쪽과 이 책 2장, 61쪽 이하 참조) 논쟁은 크게 보아 치료를 통한 형벌의 대체 혹은 가능한 범위 내에서 책임주의를 수정하는 것을 놓고 벌어진다.

최근에는 데트레프젠(2007, 345쪽)이 *개선(교정)과 유지(보존)*라는 임무를 띤 *대안 처벌법*을 보다 공정한 해결책으로 제시한 반면(348쪽), 메르켈(2008, 118쪽 이하)은 뇌 연구의 자극을 받아 주장되고 있는 인간 행위의 물리주의를 놓고 볼 때, 책임에 대한 사유는 이미 낡은 것으로 판명되었다는 확신에도 불구하고 책임주의를 포함해 형법을 옹호하여 양립가능주의에 새로운 입장을 추가하고 있다. 그는 인간의 이해관계에 꼭 필요한 사회질서를 위해 규범보호라는 이름으로 범죄자의 처벌을 옹호한다. 이러한 입장은 정의에 대한 구상에도 영향을 미쳐, 메르켈은 정의 대신 상당원칙Verdienstprinzip과 공정성Fairness의 관점을 분리하고 있다. 메르켈은 자세한 근거를 제시하지 않지만 범죄자가 그 형벌에 상당하는지 혹은 그 형벌이 공정한지 여부를 방법론적으로 분리시킬 수 있다는 확신에 차서, 학문적인 인식에 비추어 보면 그에 상당하지 않지만, 그럼에도 공정한 형벌이라는 이중전략을 대변하고 있다. 그는 법철학자 구스타프 라트부르흐의 말을 상기시키면서, 형법학자는 양심의 가책을 외면해야만 자신의 과제에 집중할 수 있다고 언급한다.(136쪽)

왜 양심의 가책인가 하는 궁금증이 생긴다. 형법학자가 여러 가지 문제에도 불구하고 그에 상당하지 않은 형벌도 공정할 수 있다고 논증된 입장을 갖는다면, 그는 양심의 가책을 느낄 필요가 없을 텐데 말이다.

형법학자가 자기 입장의 결론을 따라가다 보면, 확신대로라면 철폐를 주장해야 마땅한 제도를 자신도 확신하지 못하는 논거를 고수하고 있는 자신의 어정쩡한 태도에 깜짝 놀란다는 것을 환영해야 할지, 비난해야 할지 여기서 결정할 문제는 아니다. 결정의 고통 역시 자유의 현상에 속한다.

제4장

자유의 여러 차원: 문화, 정치, 예술

> 행위가 단순한 과정 속에서 사라지는 것이 아닌 것처럼 자유 역시 행위에 대한 결정이 수행되는 과정에서 소진되지 않는다. 자유는 그 생산적인 결과에서 제도적인 형식을 취하게 되고 인간 세계의 여러 차원에서 대상화되어 우리에게 등장한다.
> 이번 장에서는 출중한 이론들을 통해 인간의 자기실현 영역으로서의, 즉 자유가 실현되는 장소로서의 문화를 소개하고자 한다. 행위의 자유가 두드러진 분야인 정치는 자유의 제도적인 보장이기도 하다. 예술 및 그에 적합한 미적 입장을 통해 우리는 자유가 유희적으로 발현되는 분야를 보게 될 것이다.

자유의 매체로서의 문화

피렌체의 신플라톤주의자 조반니 피코 델라 미란돌라(1463~1494)는 인간 의지의 자유를 옹호하는 위대한 대변자들 중에서 관용적 사고의 태두이다. 그는 당시 막강한 영향력을 행사하고 있던 아우구스티누스의 자유에 대한 성찰 이원론에 주목할 만한 인문주의적 변형을 가했다. 그는 우선 조물주에 대한 이야기를 하면서, 조물주는 피조물의 의지의 자유를 *용인하는* 것이 아니라, 그것을 *필요*

*로 한다*고 생각한다. 그러고 나서 그는 인간의 신동일형상성을 인간이 자기에게 부과된 의무를 이행하기 위해서는 스스로 창조자가 되어야만 한다는 것으로 해석하면서, 인간의 자유의 개진을 문화와 연결시킨다.

우리는 신의 피조물*이면서 동시에* 자유로운데, 신이 그것을 원했기 때문이다. 인간 창조에 대한 신화를 언급하고 있는 그의 논문 「인간의 존엄에 대하여」에는 세계의 "건설 대가"는 "이 위대한 작업의 의미를 헤량하고, 그 아름다움을 사랑하고 또 그 위대성을 경탄할 수 있는" 본질을 여망하고 있다고 나와 있다.(피코 1486, 27쪽) 그렇기 때문에 신은 가장 마지막에 가서야 인간을 창조할 생각을 했다는 것이다. 하지만 지상의 거주자들에게 챙겨줄 지참금이 바닥나고 우주의 모든 자리도 이미 꽉 차자, 조물주는 인간에게 줄 장소가 부족하여 그를 "세계의 중심에" 놓았다. 이제 인간은 주위를 둘러보고 창조물에 드러난 신의 정신과의 여러 등급의 원근가능성을 비교하면서 자기 자신으로부터 무엇을 만들어내야 할지 스스로 결정을 내릴 수 있게 된다.(33쪽 참조) 즉 인간은 자신의 본성을 "자유로운 재량에 따라 […] 스스로 규정해야" 한다.(29쪽)

아우구스티누스와 마찬가지로 피코에게 있어서도 우리가 "신이 기꺼이 주셔서" 자유의지optio libera를 받기는 했지만, 우리를 가장 가능한 정신성으로 고양하려는 신의 이념을 따르자면 꼭 있어야 한다는 점도 의심의 여지는 없다. 선택의 원칙적인 자유는 목적론적 이해의 틀 안에 있으며, 이는 다음과 같은 확신으로 표현된다. "성스러운 야망이 우리를 사로잡아야 한다."(33쪽) 왜 이 야망이 우리를 사로잡아야 하는가? 우선 우리가 무엇이 선인지를 인식하기 때문이며, 둘째 이러한 인식은 악보다 선을 선호하는 것이 당연하다는 평가와 병행하기 때문이다.

피코는 성서와 플라톤 식의 신화가 서로 중첩된 이야기에서 가벼움에 충만한 필치로 그 시대의 철학과 신학의 문제에 대한 인문주의적 해결책을 제시한다. 인간의 자유는 조물주의 전능함과 합일될 수 있는가? 그는 중세와 근대 초기에 위대한 사상가들이 골몰했던 이 문제에 대해 신이 인간의 자유를 *필요로* 한다는 것을 강조하면서 자신의 독창적인 핵심을 보여준다. 어떤 다른 존재가 신의 창조를 인정하는 것이 무언가 가치 있는 것이 되려면 그것은 예속된 자들의 갈채가 아니라, 오히려 판단 가능한 자의 권한을 갖춘 평가여야 한다. 인간의 독립성은 바로 그의 결핍상황의 이면이다. 즉 인간에게 줄 자리가 더 이상 없어서 (실제로 전능한) 조물주가 그를 중심에 앉힌 것이다. 이는 자기규정의 독립성이란 판단에 있어 중심에서의 전체 조망이라는 공간적인 비유이기도 하다.

그렇다면 이제 자유를 선사 받은 인간은 조물주의 위업을 그 아름다움과 위대성에서 어떻게 평가하는가? 나머지 이야기는 이 부분에 대해서는 입을 다물고 있다. 하지만 저자는 이 인문주의적 신화에 나오는 조물주가 기대하고 있는 창조에 대한 인정을 결코 숨기지 않는다. 저자가 아담의 관점에서 발언한 열광적인 호소 안에 조물주의 위업에 대한 인정이 담겨 있다. 저자는 인간은 창조의 여러 수준을 자유롭게 빙 둘러보면서 최상을 향한 노력의 결과에서 인간의 자기결정이 어떤 가능성을 가지고 있는지 인식한다는 것을 암시하고 있다. "우리가 그저 그런 것에 만족하지 않고 온 힘을 모아 최상의 것을 이루려고 노력하기 위해서는 성스러운 야망이 우리를 사로잡아야 한다."(33쪽) 이렇게 판단하는 인간에게는 창조의 위대성이 열려 있다. 그런 인간은 자신의 자유가 지향하는 목적Telos에 대한 정확한 평가를 통해서 이 위대성을 자신의 활동적 노력의 *전범으로* 삼는다. 바로 여기에 조물주가 바라마지않던 존경이 담겨 있다. 즉 인간은 최상을 향해 노력하면서 우주의 의미심장한 단계질서와 더불어 그 우주 안에서 도달할 수 있는 최상의 것을 *선으로* 인정한다.

동시에 이것이 의미하는 바는 다음과 같다. 신의 간접 질문에 대한 대답이 적절한 것으로 판명되려면, 인간은 자기 자신을 창조자로 만들어야 한다. 그는 "자유롭게, 자신의 힘으로, 자신이 원하는 형식으로 스스로의 틀을 잡고 다듬어 나가야 한다."(29쪽) 우리가 신을 건축 대가로 표상하는 것과 관련하여 인간의 신동일형상성은 자기 자신의 가능성에 대한 창조적인 건축 대가로서의 인간의 모습을 포함하고 있다. 바로 여기에서 우리가 거부할 수 없는 *자유의 문화로의 이행*이라는 정식이 탄생한다. 왜냐하면 건축 대가라는 모습은 단순히 자기발생적인 의미에서가 아니라, 말 그대로 다른 사람들에 앞서 그리고 그들을 위해서 무언가를 세우고 그 안에서 예시적으로 활동하고 있는 건축가와 설계자의 의미에서 이해되어야 한다.

이렇게 해서 규명되지 않은 인간이 자기 자신으로부터 만들어낸 것에 문화철학적인 핵심이 부여되었다. 문화는 인간이 신의 위임에 따라 자신이 원하는 형식으로 연마하면서 그 안에서 자신의 자유를 실현하는 삶의 분야이다.(카시러 1927, 98쪽 참조)

칸트의『판단력 비판』에도 같은 의미의 이런 구절이 있다. "임의의 목적에 대해 (결국 자신의 자유 안에서) 이성적인 본질의 유용성을 산출하는 것이 문화다."(1790, § 83, A 391쪽) 칸트는『순수이성비판』이후부터 초월적 자유 개념으로 도덕 이전의 그리고 그것의 기저를 이루는 자유를 이해하고 있는데(이 책 2장, 79쪽 참조) 바로 여기에서 그 문화적 함의가 분명하게 드러난다. 만일 *자유가 임의의 목적 일반에 대한 이성적인 본질의 유용성*이라면, 그것은 자기 스스로로부터 그리고 자신의 환경에서 그것이 무엇이건 필요하고 또 의미 있다고 생각하는 것을 만들어내는 기본적인 능력이다. *이성, 자유 그리고 문화*의 이 같은 자명한 결합은 결국 문화 개념을 지향하며, 그것은 인간이 자신의 최상의 힘을 이용하여 자신으로부터 그리고 자신이 처한 상황으로부터 창조하는 것을 핵심으로 삼는다.

이렇게 칸트는 이성비판의 수용사가 보여주듯이, 도덕적인 행위와 의미심장한 감정 그리고 확실한 인식의 토대를 마련함에 있어 그 방법적 상세함이 고도의 이성 활동에 대한 집중으로 이어진 자신의 이성비판에 실용적인 차원을 덧붙인다. 그는 이 차원을 문화로 특성 지우며, 이를 인간의 자유를 확증시켜주는 기본적인 분야로 파악한다. 여기서 핵심은 이성의 문화적 차원이며, 이성은 의무에 걸맞은 행위에 있어서 단순히 도덕적인 자기규정의 자유만을 담고 있는 것이 아니라, 오히려 이미 *제작과 생산*의 독자적인 관계 규정의 자유에 기초하고 있는 것이다. 칸트의 이성 개념은 이렇게 실용적인, 혹은 도구적인 활동을 포괄하며, 그의 자유 개념은 오로지 도덕만이 아니라, 예술, 학문, 정치 그리고 기술을 지향하고 있다.

사실 이렇게 문화는 이미 도덕 이전에 자유의 매체로 파악되지만, 칸트에 따르면 우리는 제작과 생산의 단순한 자유를 이성적인 자기이해의 최고의 표현으로 여겨서는 안 된다. 오히려 우리가 보았듯이, 행위에 있어서 입법으로 이해된 도덕법칙에 따르는 능력에서 이성적인 자기이해의 최고의 표현을 보아야 할 것이다.(이 책 3장, 115쪽 참조) 우리가 예술과 학문을 통하여 "고도로 […] 개화되었다면", 그렇다고 우리 자신이 "도덕적으로 되었다고" 볼 수는 없다. 물론 칸트가 『도덕 형이상학』(1796, A 110쪽)에서 고유한 "자연의 힘"(정신의 힘, 영혼의 힘, 육체의 힘)과 관련하여 그 "연마"에 대해 언급한다는 의미에서 "도덕성의 이념"은 인간의 본성을 세련되게 하고, 개선하는 가공 형식의 총체로서의 문화에 속한다. 하지만 우리가 이 이념을 단순히 외적으로 사용할 수도 있기 때문에, 의심스러운 경우에는 시민의 "성정을 내적으로 도야하기 위해서 모든 공동 본질의", 다시 말해 "모든 사회의 기나긴 내적인 가공"이 반드시 필요하다.(칸트 1784, 26쪽)

이렇게 도덕과 함께 정치 역시 방법상 자유의 특출한 장소로 우리의 시야에 들어온다.(24쪽 이하; 칸트 1795도 참조) 칸트는 "도덕성의 이념"을 문화에 포함시키면서 순수이성 역시 경험적인 측면이 있다는 것을 분명히 했다. 도덕성의 이념은 그것의 관철과 확산을 요구함에 있어 유리한 외적인 조건에 의존하고 있다. 인간 자유의 도야와 확보는 다양한 모습을 가진 기나긴 과제이다. 이러한 문화를 통해서만 인간은 자신의 도덕적 자유를 실현시킬 가능성을 갖는다.

칸트는 자신의 도덕철학에서 문화와 도덕성이 상호관계에 있다는 사실을 강조했다. 특히 그는 『도덕 형이상학의 기초』에서 자신의 기본 개념들을 설명하면서 자기 자신에 반하는 의무의 경우를 예로 들었는데, 이는 자신의 소양과 재능을 최상의 힘에 따라 도야하는 개인의 의무를 말한다. 이렇게 칸트(1785, 422쪽 이하)는 이미 *정치적 올바름political correctness*이라는 용어가 생기기 전에 분명히, "나는 마치 남쪽 바다 주민처럼" 그저 "놀고 즐기려는 성향을" "나의 자질을 망치는 원칙으로" 삼아서는 안 되며, 나 자신에 반하는 나의 의무를 인식하여, 고유한 자연의 힘(정신의 힘, 영혼의 힘, 육체의 힘)을 도야해야 한다. 하지만 문화는 단순히 인류라는 척도가 아니라, 개인적인 척도에서도 고유한 능력과 재능의 고양이라는 *특수한* 임의적인 목적을 위한 매체이자, 이성적인 존재가 유용성을 산출하고 그 가능성을 개진하기 위한 매체이기 때문에 우리는 자기 자신에 반하는 의무의 충족을 본질로 삼는 자유의 형식을 위해 문화를 *필요로 한다*. 이런 의미에서 "*도덕성의 이념이 문화에 속한다*"는 "보편 역사의 이념"으로부터 나온 규정만이 타당한 것이 아니라, 문화의 이념이 도덕성에 속한다는 그 반대 규정 역시 타당하다.

20세기에 에른스트 카시러는 같은 방식으로 *문화를 자유의 프로젝트로* 파악한다. 인간의 삶의 형식은 문화에서 드러난다는 카시러(1944, 51쪽)의 견해는 인간은 "상징적 동물animal symbolicum"이라는, 즉 상징을 만들어내고 이해하는 생명체라는 인간학적인 통찰에 근거를 두고 있다. 우리가 무엇을 하든 간에 그것은 사실에 기초한 의미의 맥락 안에 있다. 행위자에게 그것은 일반적으로 관찰자도 이해하는 의미와 연관되어 있다. 상징적인 행위를 통해 인간은 주어진 조건과 자기 자신으로부터 무언가를 만들어내는데, 그 방식은 자신이 노출된 인상들을 자기활동적인 표현으로 처리하면서 감각과 의미를 항상 새로운 통일의 형식으로 조직하는 것이다. 문화는 인간 정신의 상징적 활동이 작동하고 있는 언어, 신화, 종교, 예술, 학문, 기술, 법, 도덕 그리고 역사와 같은 *상징적인 형식들의* 체계이다.

문화의 생산적 과정은 동시에 상징화의 모든 행위 안에서 새로워지는 인간 자유의 기원이다. 카시러가 보기에 사태, 타자 그리고 자기 자신에 대해 생산적인 거리를 확보하는 자유는 상상력이 발휘하는 객체화 능력에서 도출된다. 그리고 우리는 이러한 상상력의 도움을 받아 활동적인 표현을 통해 우리의 인상에 거리를 두게 된다. 한스 요나스(1994, 265-301쪽) 역시 아주 유사하게 "기호의 인간Homo pictor"이라는 개념으로 문화를 이해한다. 모든 상징적으로 매개된 의미 안에서는 주체를 비로소 기능케 하는 객관화 기능을 통해 안팎을 장악하게 하는 그 어떤 거리가 확보된다. 이러한 *성찰 간격*을 통해 실천적으로 그리고 동시에 발생적으로poietisch 해석할 수 있는 행위공간이 창출된다.

카시러는 「언어와 대상세계의 구성」(1931)이라는 논문에서 *거리를*

*통한 자유*라는 사상의 핵심을 분명하게 보여주었다. 비로소 언어적 명명을 통해 형성되어 우리가 언술행위로 장악하게 되는 것은 단지 물적 대상만이 아니다. 우리의 정서Affekt와의 관계에서도 언어적 발화를 통해 객체화가 이루어지며, 또 그렇기 때문에 감정의 문제를 자유롭게 다룰 수 있게 된다. 어떤 아이가 낯선 사람에 대한 공포로부터 '겁먹지 말자'라는 말을 주문처럼 반복하여 거리를 두는 법을 배운다면, 이것이 바로 카시러(1931, 136쪽 이하)가 모든 상징적 발화의 영향으로 강조하는 그 *해방*의 적절한 예이다. 그는 『상징형식의 철학』(1923-29)의 종합 개정판이라고 할 수 있는 『인간론』(1944)에서 상징적 형식의 주도 동기를 문화발전의 역사적 척도로 내세우고 있다. 기초적인 그리고 비가시적인 심적 성취에서 시작하여 가장 까다로운 작업에 이르기까지 모든 상징화의 공통적인 기능은 *해방*, 즉 단순한 인상으로부터 형상화된 표현으로 나타난 자기 활동적 발화로의 해방이다. 이런 의미에서 문화는 체계적으로는 자유의 형식으로, 역사적으로는 "인간의 지속적인 자기해방과정"으로 이해될 수 있는 것이다.(카시러 1944, 345쪽)

한스 블루멘베르크(1920~1996)는 『인간의 묘사』(2006)에서 자신의 독자적인 체계를 구축하려는 의도로 상징적 동물이라는 규정을 명시적으로 받아들여 인간화에 대한 자신의 대서사Großе Erzählung를 통해 숨겨진 발생이라는 생명과학적인 기초를 이 규정에 부여하고 있다. 그가 말하는 *인간의 숨겨진 발생*Kryptogenese(잠재 발생)의 의미는 다음과 같다. 인간화란 형태학적인 특징에서 읽어낼 수 있는 것이 아니다. 대신 그것은 인간을 구성하는 것을 재구성할 수 있는 행위여야 한다. 블루멘베르크는 인간이 도망가면서 자신의 추격자에게 가하는 투석 행위를 조심스럽게 그 한 예로 들고 있다. 도구로 무장한 자기방어라는 태곳적 행위를 통해 이 생명체는 결정적인 발전 도약을 이룬다.(블루멘베르크 2006, 581쪽) 이 행위 안에 인간화의 원장면原場面/Urszene이 나타나는 이유는 여기서 인간 상황의 모든 계기들이(직립, 그로부터 발생한 노출이라는 위험한 소득, 자기주장에 있어서 자기보존의 극적인 표출, 위기의식의 주도 동기로서의 예방을 연마할 필요성 그리고 보조 도구의 방법적 투입) 복잡한 콘텍스트화를 통해 의미심장하게 조우하기 때문이다. 인간은 대단히 "많은 등"을 가지고 있는 본질이다.(블루멘베르크 1979, 193쪽) 블루멘베르크는 전면적으로 노출된 본질의 자기주장 상황을 이렇게 묘사하고 있다. 인간은 추격당하는 자로서 타자에게 전면적으로 노출되면서 엄청난 자기 활동을 통해, 즉 상황을 단번에 변화시킬 수 있는 풍부한 발명을 통해 등을 비워놓아야 한다. 이렇게 투석은 이 재구성에 있어서 *전체를 대변하는 부분*이 된다.

이렇게 블루멘베르크는 생명과학의 정보를 담은 예지적인 원역사로부터 인간의 개념을 획득하고 있다. 그는 인간이 이성과 의식을 갖추게 되는 것은 위기에 의한 것이라고 강조하는데, 여기서 그가 이해하는 이성의 일단을 볼 수 있다. 그는 이성이란 "삶의 뒷문"(2006, 521쪽: 552쪽도 참조)이며 (서식공간의 변경에 의해 강요된) 직립 보행의 보충으로서 보완적인 기능을 한다고 본다. 그는 정면 시야를 가진 직립 인간이 쉽게 노출된다는 것에서 위험의 성격을 강조하는데, 이는 전면적인 정향능력과 예방능력을 통해 보완되어야 한다.

블루멘베르크는 이 모든 계기에 돌을 투척 무기로 도구화함으로써 쫓기는 동물에서 싸우는 동물이 된 그 원장면의 조건들이 담겨 있다고 본다. 그리고 그는 이 범례적인 행위를 근거로 *거리를 통한 행위actio per distans*라는 개념에서 인간은 해방적 거리를 취하는 능력(575쪽)을 통해 그 본질이 드러난다고 본다. 그리고 도구적으로 투입된 행위 매체에 의존하는 것이 이 해방적 거리 능력의 이면이다. 인간의 계속되는 발전과정 중에서 관습화된 이러한 능력은 자기 방어를 위한 투척 무기의 이용에서 시작해 개념화 능력을 넘어, 기술의 발전과 고통을 경감해주는 제도의 형성에 이르기까지 매우 다양한 형식으로 고양되었다. 이러한 매체성의 체계적인 조직 형식이 문화이다. 자유는 "야만으로부터 보호하는 체계"로서의 문화가 가능케 한 거리 확보를 통해 도출된다. 블루멘베르크에게 인간의 자유는 우회로에 존재한다. 이것이 매개, 거리를 통한 행위에 대한 그의 은유이다. 그리고 그 총체가 바로 문화이다.(블루멘베르크 1987, 137쪽 이하)

정치적 자유

우리가 피코, 칸트, 카시러 그리고 블루멘베르크의 예에서 보았듯이, 인간의 모든 생산적인 활동을 포괄하는 문화 개념 체계를 따른다면, 정치 역시 자유가 실현되고 표출되는 문화적 형식으로 이해할 수 있다. 정치적 자유는 제도적으로 조직되고 법적으로 보장된 행위의 자유다.

한나 아렌트(1906~1975)는 격정적으로 "정치의 의미는 자유"라고 말한다.(1993, 28쪽) 즉 정치는 인간이 지배로부터 자유롭게, 공동체의 근본적인 사안들에 대해 서로 이해하는 기능을 갖는다는 것이다. 그리스의 폴리스의 전례를 따르는 이러한 이해방식은 모든 목적 설정에서 벗어나 오로지 자기목적을 가진 공적인(그 자체로 이미 정치적인) 행위와 결부되어 있다. 이러한 자유는 언어적 이해과정에 깊숙이 침윤된 행위의 자발적인 과정에서 실현된다. 아렌트는 이로서 의사소통적 행위로서의 정치적인 것의 개념을 지향하는데, 이에 따라 인간의 자유는 오로지 직접적인 행동과 생동적인 과정에서 실현된다. 이러한 단초를 따르게 되면 정치적인 것의 요소는 칸트가 묘사한 *공통 감각sensus Communis*일 것이다. 즉 사유를 통해 타자의 입장에 처하고 타자의 입장을 자신의 결정에 끌어들이는 능력인 것이다.(칸트 1790, A 157쪽 이하 참조) 여기서 도외시된 것은 자유로운 행위에 있어서 정향심급으로서의 이념과 원칙만이 아니다. 정치적 행위의 자유를 제도에 기대어 생각하는 것 역시 제대로 규정되어 있지 않다. 사실 아렌트는 계속해서 자유로운 행위를 위한 정치적 공간으로서의 공론Öffentlichkeit을 높게 평가한다. 하지만 일차적으로 최우선의 제도인 법은 제대로 다루어지지 않는다.

이미 플라톤(기원전 427~347)도 법 제도를 인간이 자유를 보장 받는 폴리스에서 삶의 기본요소로 보았다. 플라톤은 『국가』에서 정의로운 국가에 대한 그의 이론을 전개한 다음에 국가의 법에 대한 저서인 『법률』을 내놓았다. 우리는 이것을 개인의 자기인식, 구별과

상훈에 대한 요구, 동시에 자문과 이해에 대한 욕구 그리고 마지막으로 평화를 지향하는 정체론政體論으로 이해해야 할 것이다. 그 기본적인 조건이 자유eleutheria이며, 인간은 이 자유 안에서 공동체에서의 삶뿐만 아니라 그 법적인 기초를 선택한다.(『법률』, 722b/e) 이에 동의하지 않는 자는 *떠날 자유가* 있다. 이미 플라톤은 초기작 『크리톤』에서 주인공 소크라테스를 내세워 인간은 자신의 모든 것을 그 도시의 법에 감사해야 한다는 확신을 발언케 한다. "너를 세상에 낳은 것이 우리가 아니더냐, 그리고 너희 아버지가 너의 엄마를 얻어 너를 낳은 것도 우리를 통해서 그런 것이 아니더냐?"(『크리톤』, 50d) 이렇게 플라톤은 암시적 화술을 통해 소크라테스의 입을 빌려 도시의 법을 말하고 있으며, 혼인법 다음에는 양육과 의무교육법을 내세우고 있다. 법의 수호를 통해서만 인간은 생존하며, 자유로이 살 수 있고 또 자신을 자유로이 개발할 수 있다.(『크리톤』, 50a–51c)

이렇게 고대로부터 전승된 통찰은 근대의 국가 이론과 법 이론에도 그대로 유지되고 있다. 그것은 일반적으로 통용되는 로마법에 남아 있으며, 키케로의 글로 전승되어 생생하게 간직되고 있다. 이러한 통찰은 또한 파도바의 마르실리우스(1280/5~1342)가 재발견된 아리스토텔레스의 저서를 수용하는 내용을 규정하고 있으며, 교황의 권력 요구에 맞선 단테(1265~1321)의 논쟁적인 저서(『제정론』, 1317)에서 정점에 이르러 현대를 예견케 하고 있으며, 마키아벨리(1469~1527)의 『로마사 논고』(1513/9)에도 나타난다. 이러한 배경 아래 15세기 중반에는 인문주의자들이 당시 재발견된 플라톤에 힘입어 자유 요구를 강하게 내세웠는데, 대표적인 예가 에라스무스의 경우다.

16세기 말경에는 장 보댕(1530~1596)이 주권국가 구상을 전개했으며, 최초의 영국의 혁명 사상가(존 릴번 1615~1657, 제임스 해링톤 1611~1677, 존 밀톤 1608~1674)들과 이들에 대립한 토마스 홉스(1588~1679)의 『리바이어던』(1651)이 그 주권국가의 형태를 완성시키려 시도하였다. 이미 보댕(1576, I, 3쪽)에게 모든 정치적 행위는 자유의 정확한 개념에 근거하고 있었으며, 이 개념은 단순히 정치적인 의미만 있었던 것은 아니다. "우리에게 자연적인 자유는 […] 어떤 살아 있는 인간에게도 종속되지 않으며, 늘 신의 의지와 일치하는 자기의 이성 이외에는 누구로부터도 명령을 받지 않는다는 것을 의미한다." 홉스가 지배계약에 대한 시민의 자유로운 결정을 상정하지 않고서는 주권을 제대로 다룰 수 없었다면, 이와 달리 존 로크(1632~1704)에게 정치철학은 오늘날까지도 자유주의라고 이름을 달고 있는 자유론 자체가 되었다.

로크는 기본적인 자유권의 막강한 변호인으로 등장했고, 이후에 권력분립과 인권 이론뿐 아니라 자유 법치국가의 이론도 이 자유권의 토대 위에 세워졌다. 우리는 자유 개념이 현재의 정치적 자기이해와 얼마나 밀접한 관계가 있는지를 인식하기 위해 1776년의 미국 독립선언문 1조를 원문 그대로 기억할 필요가 있다. "모든 사람은 평등하게 창조되었고, 조물주는 인간에게 몇 가지 양도할 수 없는 권리를 부여하였으니, 그 권리 중에는 생명과 자유와 행복의 추구가 있다는 것은 자명한 진리이다."

루소(1712~1778; 1762, 5쪽)는 이러한 통찰을 몇 년 앞서 나갔다. "인간은 자유롭게 태어났으나, 지금은 도처에서 사슬에 묶여 있다." 1762년 출판된 사회계약에 대한 저서(『사회계약론』)의 첫 문장이다. 이 철학자에게 인간 개념과 떼려야 뗄 수 없이 결합된 자유의 이념과 짓밟히고 구속과 억압으로 점철된 인간의 실제 상황과 자유의 괴리는 사회비판의 동기를 제공하며, 이 비판은 법 제도의 이론적 기초 하에 자유와 소유의 보장을 그 목적으로 하고 있다.

칸트(1784, 22)는 수천 년이나 낡은 법치국가의 이론과 실제를 겨냥했다. 그는 인류의 최고의 과제는 "최대치의 자유"와 동시에 "이 자유의 한계에 대한 가장 정확한 규정과 보장"이 이루어질 수 있는 상태를 이루는 것이라고 했다. "그래야만 자유가 다른 사람들의 자유와 함께 존속할 수 있기 때문이다." 우리가 소망하는 상태는 오직 "완전히 정의로운 시민적 정치체제"에서 "*외적인 법에 기초한 자유*"로서 실현될 수 있다. 다른 말로 하면 법은 행위자들이 상호 자신들의 자유 안에서 해를 끼칠 수 있기 때문에 그 한계가 필요한 "외적인 자유"의 보장 형태이다. 법률적 권리는 모든 이의 자의적 자유가 보편적인 법칙에 따라 모든 이의 자유와 공존할 수 있도록 보장한다."(칸트 1797, 230쪽)

정치는 인간의 상황을 지속적으로 법제화함으로써만 이 자유를 보장할 수 있다. 이런 의미에서 정치는 "실행적 법이론"이다.(칸트 1795, 370쪽) 국가란 그 이외의 누구도 명령하거나 처분할 수 없는 "인간 사회"에 다름 아니라는 통찰에 부응하기 위해서는, 그것은 자유민주적인, 지금의 언어로 하면 "공화"정의 기본권에 기초해야 하는데, 그래야만 개인의 행위의 자유가 국가에 대해서도 보호될 수 있다.

즉 자유, 평등 그리고 만인이 법에 의존해야 한다는 것이 그 기본권이다.(349-353쪽) "자유롭게 자신의 역량을 목적에 맞게 사용할 수 있기 위해서는 누구나 자유로워야 한다"는 구호로 칸트는 지배자의 이성에 호소한다.(1793, 188쪽) 이것은 지배자들로 하여금 민중이 아직 자유에 이르기에는 "성숙하지 못하다"는 논거로 자유민주주의적 법체제에 반대하지 말라는 것이다. "이성을 가질 만큼 성숙해지기 위해서는 오직 스스로 시도해보아야 하며, 이러한 시도를 감행하기 위해서는 자유로워야 한다."

자유 전통의 가장 영향력 있는 사상가 중 한 명인 존 스튜어트 밀(1806~1873)은 『자유론』에서 정치적 자유를 "개인의 불가침한 자유"로 이해한다. "각 개인은 스스로에 대해 그리고 자신의 신체와 정신에 대해 주권을 가진 지배자이다."(1859, 17쪽) 이것이 밀의 신조이다. 밀이 중요하게 여기는 것은 개인이 행위에서 자기결정의 권리를 요구하면서 바랄 수 있는 활동 공간이다. 그리고 강제와 후견, 즉 타자에 의한 모든 간섭에서 이 공간을 지키는 것이 필요하다. 그의 견해에 따르면 이런 행위의 자유는 그 모든 형식에 있어 사유의 자유에 근거를 둔다.(이 책 3장, 109쪽 이하 참조) "인간 자유의 본래 영역은" 우리가 방해 받지 않고 자신의 취향과 연구에 몰두하고, 또 우리의 성격 기질에 맞는 "삶의 계획"을 세우고, 다른 말로 하면 그 결과를 고려하지 않고 또 비록 우리의 태도가 남들에게는 미친 짓이나, 타락하고 또 잘못된 짓으로 비칠지라도 동시대인의 방해를 받지 않고 "우리 맘에 드는 것을 하는" 것에만 한정되는 것은 아니다. 무엇보다도 이 자유는 "의식의 내면"에 해당한다. 즉 그것은 "양심의 자유", "사유와 감정의 자유" 그리고 그것이 실천적이든, 철학적이든, 과학적이든, 도덕적이든 아니면 신학적인 것이든 모든 문제에 대해 의견과 심정의 절대적인 독립을 말하며, 특히 사유의 자유와 "실제로 분리될 수 없는 말과 글로 의견을 나타낼 자유"(20쪽)를 말한다. 또한 결사의 자유, 다른 이들에게 해가 되지 않는 모든 목적에 대해 결합을 허락하는 것"(20쪽) 역시 자유의 필수 목록에서 빠져서는 안 된다.

밀은 "타인에게 해가 되지 않는 모든 목적에 대해" 그리고 "우리가 타인에게 고통을 주지 않는 한" 같은 실용적인 표현을 통해 자유주의적 사유방식이 용인하는 제한 기준이 엄격하다는 점을 분명히 한다. 그가 보기에 유일하게 합법적인 개인의 자유를 제한하는 것은 해악원칙principle of harm이다. 개인이 요구하는 자유의 그 자연적 한계선은 남이 그것에 의해 해를 입게 되는 바로 그곳이다.

우선 정치적 자유는 의심스러운 경우에 국가와 사회로부터 자신을 방어해야 하는 사적인 인간의 자유이다. 이러한 방어가 향하는 곳은 결코 처음에 언급한 "지배자"(6쪽)에 한정되지 않는다. "관료의 폭정" 외에 "여론의 권력"(22쪽)과 같이 지배 권력에서 가지를 뻗은 여러 심급에도 해당된다. 그것은 "지배적인 견해와 감정의 폭정"이다.(10쪽) 바로 이러한 폭정, 즉 "여론의 질곡"(15쪽)에 대해 밀은 참된 인식에 대한 관심으로 조직된 다른 공론을 적합한 보호 장치로 상정하고 있다.

"다수의 폭정"(9쪽) 개념은 그 비판적 성격으로 볼 때 (최대 다수의 최대 행복이 도덕적 행위의 기준이라는) 공리주의적 유용성 원칙을 교정한 것이다. 밀은 개인의 자유를 보호하기 위해 알렉시스 드 토크빌(1805~1859)이 민주적 사회의 가장 큰 위협의 하나이자 특징으로 규정한 이 개념을 받아들인다. 밀은 개인의 독립적 판단의 강화를 통해서 촉진될 수 있는 개인의 사상의 자유를 보장하는 것만이 이에 대한 해독제가 될 수 있다고 보았다. 그리고 이것은 다시금 가능한 한 많은 다른 견해들을 고려할 때 얻을 수 있는 것이다. 개인의 사상의 자유에서 판단력이 형성되고 유지되어야 한다. 이렇듯 개인의 자유를 방어하기 위한 논증은 서로 다투는 견해들이 방해받지 않고 대립하는 장으로서의 자유주의적 공론에 대한 변호로 이어진다.

많은 사람들에게 정치적 자유주의의 전거로 간주되는 이사야 벌린(1909~1997)의 에세이 『자유의 두 가지 개념』(1958)은 자유란 "변덕스러운 단어"라는 통찰을 중심으로 하고 있다. 밀의 자유 개념이 일면적이라는 비판에서 출발하여 벌린은 정치철학 본래의 문제, 즉 지배의 정당성에 대한 물음으로 이어지는 정치적 자유의 변증법을 분석한다. 한편으로 밀이 개인적인 자유공간으로 방어한 "사회적 통제로부터의 자유",(206쪽) 타인에 의해 방해 받지 않는다는 의미에서의 단순한 *부정적인 자유*를 보장하는 것이 꼭 필요하다.(벌린 1958, 201쪽) 그리고 이것은 오직 정치적 지배에의 *참여*를 통한 자기규정의 *긍정적 자유*의 실현을 통해서만 가능하다.(게르하르트 2007 참조) 다른 한편으로 바로 이 긍정적 자유가 온정주의적 혹은 폭군적인 후견으로 전도되는 경향이 있다. 벌린은 유럽 합리주의의 역사와 그것의 전체주의적 억압 체제로의 도착을 근거로 자유 개념의 이 같은 이중성 배후에는 심리적이며 정치적인 사실이 있다고 주장한다. 즉 인간은 자신의 긍정적인(그리고 이 경우 이상화된 개념으로서의) 자유를 위해 타인의 자유를 억압할 준비가 되어 있다는 것이다.(벌린 1958, 244쪽)

벌린이 이를 통해 말하려는 것은 원래 *자유의 이율배반*이다. 즉 개인의 (부정적) 자유에 대한 요구를 담고 있는 바로 그 이성이 이데올로기적으로 억압을 정당화하는 (긍정적) 자유의 증거 심급으로 이용될 수 있다는 것이다.(234쪽 참조)

하지만 만일 지배의 정치적 과정에 참여하는 긍정적 자유가 보장된다면, 자율성이란 사실 적극적인 자기규정이며 여느 이데올로기적으로 장식된 "내면의 보루"로의 후퇴와는 다른 것이다. 사실 이 후퇴가 필요한 것으로 보이는 경우는 진정한 인간의 이름이라는 허울을 내세운 도착된 자유가 경험과는 거리가 먼 이념의 왜곡 속에서 스스로가 자유에 이르는 유일한 길이라고 내세우는 이념적 구상에 현실의 인간들을 예속시킬 때이다.(226쪽 이하) 자유 이념의 이데올로기적 오용에 대한 경고로부터 부정적 그리고 긍정적 자유의 성찰적 균형에 대한 요구가 도출되어야 하는데, 이 균형은 오직 개인의 자유공간이라는 이름으로 거행되는 근본적인 거부권의 행사를 통해서만 성공할 수 있다. "자유라는 단어를 어떻게 해석하든지 간에 내가 '부정적' 자유라고 명명한 것의 최소한도는 포함되어야 한다. 즉 개인이 방해 받지 않고 행위할 수 있는 공간이 있어야 한다."(243쪽) 이렇게 문제의 변증법은 결국 완전히 밀의 의미에서의 *다*

*원주의*에 대한 옹호와 만나게 되며, 자유의 두 가지 방향(254쪽 이하)을 적절하게 보장해주는 데서 정치적 자유주의의 핵심이 드러난다고 하겠다.

예술의 자율성 – 미적 경험에서의 자유

근대에서 예술의 자율성과 미적 관찰자의 특수한 자유 의식은 마치 공동으로 진화하는 모습을 보인다.(아래의 내용에 대해서는 리스만 2007에 실린 저자의 글 참조) 프리드리히 실러(1759~1804)에게 이는 규범적 의도 속에서 다음과 같이 표현된다. "예술은 자유의 딸이다."(실러 1795, 두 번째 편지, 6쪽) 이렇게 주장된 요구는 18세기 이래로 늘 반복해서 새롭게 규정되고 설명되었다. 실러가 예술가는 사실 "그 시대의 아들"이지만, "그 시대의 제자 혹은 총아는" 결코 아니라고 경고하고,(32쪽) 또 칸트(1790, A 6쪽)가 심하게 비아냥거리는 목소리로 예술작품은 "단순히 멍하니 보라고 만들어진 것"이라고 말한다면, 여기에는 예술의 자율성에 대한 두 가지 초기 규정이 담겨 있다. 즉 위탁자의 간섭으로부터의 자유, 더 나아가 시대정신으로부터 그토록 원하던 독립과 실용적인 목적 기능으로부터 벗어남이다. 단순히 멍하니 보라고 만들어진 것, 이것은 모든 규정된 기능으로부터 벗어나는 것 자체를 기능규정으로 파악하는 명백한 역설을 담고 있다. 하지만 주어진 것을 단순히 모사하거나 모방하라는 위탁을 거부하는 것 역시 자율적이라고 이해되는 예술의 개념에 속한다. 파울 클레(1920, 60

쪽)는 20세기의 많은 다른 화가들을 대변하여 창조적인 예술적 고집Eigensinn을 한마디로 표현한다. "예술은 가시적인 것을 재현하는 것이 아니라, 대상을 가시적으로 만든다." 이렇게 둘러서 표현된 요구를 통해 비로소 실체적 주권으로서의 예술의 자율성에 대한 이해의 핵심이 표출된 것이다. 예술의 자율성은 본질적으로 독자적인 형상화의 타당성 요구에 그 근간을 두고 있다. 그것은 자기규정적 형식 법칙의 척도에 따른 형상화의 내적인 조건이다.

20세기 철학자 중에는 테오도어 아도르노(1903~1969)가 예술의 자율성 사상을 가장 명시적으로 주창했다. 예술은 자체의 원칙이 있는데, 그것은 외적인 (사회적) 현실의 지배원칙에 대립해 있다는 것이다. 예술은 스스로에게 고유한 법칙을 부여하며, 이것을 아도르노는 미적 형식 법칙이라고 불렀다. 그렇다고 창조의 절대적 독립이 결코 무에서 나온 것은 아니다. 예술도 제도적으로 외부 현실과 연결되어 있으며 그 산출물은 현실과 관련되어 있다. 하지만 예술이 현실로부터 무엇을 받아들이든 그것은 예술 형상화의 고유한 역학 아래 놓이게 된다. 주어진 것에 대한 표상은 예술적 생산에서 그 자체의 표현 및 묘사 절차를 따르게 된다. 그것이 예술적 변형의 "내적인 필연성"(칸딘스키 1912, 69쪽 외)이며, 이것이 예술의 자율성을 결정짓는다.

아도르노(1970, 187쪽)는 자율적 형상화의 원칙을 다음과 같이 정리한다. "변하지 않는 것은 없다." 이로서 예술은 곧 자체의 권리를 가진 현실을 만든다. 바로 그러한 고집에 의해 예술은 우리 안에서 현실에 대한 우리의 시각을 예민하게 하는 집중력을 일깨우고 상승시킨다. 아도르노에게 미적 자율성은 도덕적-정치적 관점에서 바로 그가 전도된 세계에서 유일하게 예술에만 부여하는 커다란 영향의 조건이다. 이 점에서 그는 200년 전의 실러와 비슷하게 사고한다. 실러는 미적인 것의 자율성에 대한 획기적인 칸트의 저서를 읽은 후에 끊임없이 다음과 같은 역설을 주장했다. 예술의 효과, 즉 인간의 사유와 감정 그리고 나아가 사회 상황에 대한 영향력은 오로지 예술이 직접적인 요구와 개입으로부터 독립되어 있다는 것을 전제할 때만 가능하다.

칸트, 실러, 헤겔, 셸링, 니체, 짐멜, 카시러, 아도르노 그리고 다른 많은 위대한 사상가들이 골머리를 앓을 정도로 이 주제가 중요한 이유는 무엇인가? 왜 지금까지도 이 주제는 일반인들의 마음을 뜨겁게 달구는가? 그 이유는 인간의 자유가 자율적 예술에서 가시적인 형태를 갖추고, 그럼으로써 인간의 자기이해의 근거가 될 수 있기 때문이다. 예술가들에게 있어서 주어진 목적에 제한 받지 않고 자기의 표상, 기존의 발명 그리고 자기 발명을 실험적으로 개진할 수 있는 가능성이 존재하는 곳은 외적인 요구로부터 자유롭고 모든 내용에 대해 열린 예술의 형상화 영역이다. 예술은 강렬한 경험을 촉발시키고 관심을 상승시키고 예민하게 함으로써 관찰자에게 사유와 인지의 자유공간을 부여한다. 카시러(1944, 221쪽)는 이 점을 예술이 발견과 성찰을 자유를 통해 매개하는 "현실의 강렬한 집약"이라고 부른다.

자기규정과 자체의 역동성을 표현하는 특별히 보호되고 존중받는 영역으로서의 예술에서 우리가 자신과 인류에게 요구하는 내용이 두드러지게 나타난다. 예술에서는 애초부터 삶의 실천적-실용적 진지함을 따르지 않는, 따라서 유희적인 방식으로 인간의 고유한 자기이해를 특징짓는 그 무엇이 부각되는데, 바로 자유다. 예술의 자유에서 근대의 인간을 자신의 자기의식과 결합시키는 고유한 자유에 대한 표상이 반영되고 또 깨지기도 한다.

따라서 자율적 예술이라는 주제와 더불어 관람객과 청중, 즉 일반적으로 수용자의 역할이 관심을 끄는 것은 우연이 아니다. 예술작품이 하나의 *유희 공간*, 예술작품의 의미를 체험할 수 있게 해주는 해석의 유희 공간을 열어준다는 점을 분명히 인식한다면, 자유의 잠재성으로서의 예술에 대한 이해에 성큼 다가간 것이다. 예를 들어 추상적인, 형태가 없는 회화 형식에서 이 점이 분명히 드러나는데, 이런 회화 형식에서 그림은 "관람객에 의해 한 단계 한 단계 합성되어야 한다."(가다머 1974, 12쪽) 하지만 "함께-활동-함Mit-tätig-sein"이라는 관점에서 보면 전통예술과 현대예술 간의 차이는 정도의 차이지 원칙적인 것은 아니다. 작품은 언제나 하나의 "과제"이다.(37쪽) 18세기의 천재이론이 *예술가*를 신 다음의 제2의 창조자라고 명명했다면, 19세기와 20세기의 수용미학자들은 예술가와 유사하게 수용자를 본연의 창조자로 이해한다. 어떤 의미에서 보면 수용자는 "새로운 창조 행위"를 수행하고 있다.(듀이 1934, 69쪽) 이 행위를 통해 수용자는 *부담에서 벗어난 자기규정적인 생산성*의 기쁨과 발견이라는 *자기 활동*의 쾌락, 그림의 구성을 함께하면서 *자립성*의 획득, 즉 크게 보면 그림의 의미 생성에 대한 책임에서 기쁨을 경험한다. 또 이런 의미에서 예술은 "우리가 다른 식으로는 얻을 수 없는

내적인 자유를" 보증한다.(카시러 1944, 230쪽)

예술이 매개하는 자유의 체험은 전통적으로 특히 미적 경험의 유희 이론에서 주제로 등장했다. 칸트와 실러가 그 대표적인 예다. 인간의 유희 본능에 미적 경험의 근거를 두고 있는 실러가 인간은 "단지 *그*가 유희하는 곳에서 완전히 인간"(실러 1795, 열다섯 번째 편지, 63쪽)이라고 한다면, 이는 인간은 *그*가 유희하는 곳에서 완전히 자유롭다는 것을 뜻한다. 인간의 소재 충동(감성)과 형식 충동(오성)이 조화로운 균형을 이루는 유희 충동이라는 실러의 구상은 칸트가 자신의 『판단력 비판』 중 "미의 분석"에서 미적 성찰의 특징으로 내세운 인식력의 자유로운 놀이라는 비유에서 영감을 받은 것이다. 미적 성찰이란 감각적 직관의 능력으로서의 상상력과 개념의 능력으로서의 오성이 함께 대상과 씨름하는 것으로서 인식, 유용성, 도덕적 그리고 정치적 요구의 지시에서 벗어난 활동이다. 따라서 칸트는 단순히 *일체의 관심에서 벗어난 만족*만을 언급하는 것이 아니라, *인식력의 자유로운 유희*도 함께 언급하고 있다.(1790, A 16쪽과 A 28쪽) 그것은 미적 쾌락이 분출되는 자유로운 유희이자, 우리가 무언가를 아름답다고 생각할 때 표현하는 그 어떤 만족이다.

이러한 미적 만족에 대한 칸트의 성찰의 핵심은 첫눈에 보이는 것보다 더 깊숙이 자유에 대한 논의로 이어진다. 왜냐하면 미적인 "삶의 감정"(A 4쪽)은 어떤 주어진 목적에 의해 한정되지 않고, 따라서 실제로 우리의 지적 능력을 방출하는 자유로운 성찰의 효과로 드러나기 때문이다. 그렇기 때문에 칸트는 이를 자유로운 유희라는 비유로 표현한 것이다. "어떤 특정한 사고, 즉 *개념*과 일치할 수 없으면서도 많은 생각을 자극하는 상상력의 표상", 즉 유희적으로 흔들리며, 부유하는 사고운동의 효과를 놓고 볼 때, 자유로운 정신의 자유로운 운동이라는 감정이 생긴다. 따라서 핵심은 사유의 특정한—유희적인—형식의 자유(레키 2006, 143–166쪽 참조)이며, 그것이 우리가 우리의 잠재성의 해방적 활동으로 반기는 자유다.

제5장

자유의 현실: 실용주의적 결론

우리는 앞에서 자유의 여러 가지 차원에 대해서 살펴보았다. 이제 새로운 경향의 결정론자들이 자유를 논박하는 사태에 직면해서, 대체 무슨 일이 있는지 알아보려고 한다. 그것도 이렇게 성장하고, 획득되고, 단련되고, 한 마디 한 마디 그리고 행동 하나하나가 필요한 이 자유라는 기반 위에서 말이다. 다시 말하자면, 자유를 둘러싼 수천 년의 오랜 노력이 이루어놓은 상황에서 우리는 결국 이 문화적인 과정의 종말을 예견하는, 즉 자유 개념을 블랙홀로 사라지게 하는 실험 장면을 만나게 된다. 사유, 행동, 여론의 자유와 잇어서는 안 되는 학문의 자유가 온 힘을 기울여 이룩해낸 수단의 도움을 받아 자발적으로 읽고 듣는 동시대인들을 대상으로 자유란 환상임을 증명하는 실험이 벌어지고 있다.

반대로 한번 물어보자. 학문의 인식 내용과 그 기술의 생산물을 통해 그리고 시민들에게 지속적으로 그들의 능력과 잠재력을 펼치는 것을 허용하는 법의 형태로 구성된 정치적 체계의 성취를 통해, 또한 혁신적인 상상력이 얼마나 고양될 수 있는지 그 창조자들이 보여준 예술작품을 통해 수천 년을 거쳐 그 같은 생산성을 발휘

할 수 있었던 자유를 환상이라고 하는 것이 얼마나 터무니없는 것인가?

물론 이런 일련의 증거에 대해 다음과 같은 반론이 제기될 수 있다. 여기서 거론된 예들은 문화적 조건 하에서 *행위의 자유*를 보여줄 뿐이며, *의지의 자유*를 공격하는 어떤 물리주의자도 결코 행위의 자유를 부정한 적은 없다는 것이다. 하지만 그가 일관된 모습을 보인다면, 행위의 자유 역시 논박해야 하는 것 아닌가? 아니면 우리는 모든 시대의 인간 활동과 관련하여 이렇게 인정해야 하는 것 아닌가? 인간이 행위의 자유를 사용하면서 한 행위란 실제가 그가 하려고 한 것이 아니었다고.

우리는 이미 결정론적 입장의 자기모순성, 특히 이론적으로 자신이 논박하는 자유를 실제로는 요구하고 있는 결정론자들의 수행적 자기모순에 대해 면밀하게 살펴보았다. 우리는 이런 자기모순이 결정론자들의 주장에 반하는 실제적인 증거력이 없다는 것도 인정했다. 하지만 또한 사유하고 행위하는 본질로서 우리의 상태에 대해 어떤 적절한 개념도 제시하지 않는 세계 전체에 대한 이론은 참일 수 없다는 것도 보았다.(이 책 1장, 69쪽 참조) 그러니까 자기 자신에 대한 어떤 일관된 이론적 이해도 가능하지 않고 스스로의 삶에 있어 자신의 이론을 따를 수 없는 결정론자의 입장에는 무언가 안 맞는 부분이 있다.

안 맞는 부분이란 무엇인가? 결정론자들은 구조적으로 동일한 뇌에 의한 전면적인 결정론에 직면해서 대체 어떻게 개인들 간에 이렇게 큰 차이가 있을 수 있는가에 대해 질문하기를 간과한다. 다양한 의견과 판단이 존재한다는 것만 보아도, 특히 그것들이 대립하는 정도만 보아도 의미와 오성과 연결된 모든 의미론적 차이가 전면적으로 결정되어 있다는 결정론자의 테제는 의심 받아 마땅하다. 또한 결정론자들은 의지와 이해가 비로소 그 의미를 갖게 되는 심리사회적인 맥락에 대해 묻는 것을 완전히 잊어버리고 있다. 바로 그들이 이 모든 것을 주목하지 않기 때문에 그들에게는 지금 그대로의 결정론자로 있는 것이 가능하다.

한편 결정론자들이 수행적 자기모순을 범한다는 논증에 대한 반론은 그 영향력의 범위가 넓다. 즉 자유를 확신하고 늘 행위의 담론적 자기이해를 근거로 결정론의 테제를 반대하는 논증을 펼치는 자만이 의지의 자유 문제에 있어서 논증의 중요성을 강조한다는 것이다.

그러면서 이런 논증을 통해 의지의 자유가 증명된 것이 아니며, 예나 지금이나 자유의지의 적절한 수행을 통해 근거를 중시하는 문화에서 그 타당성을 부여 받았다는 것이다. 하지만 자유를 논박하는 대표자들에게도 사정은 마찬가지다. 자유가 단지 환상이라는 것은 입증되지 않았다. 이 치열하게 전개된 논쟁에서 눈에 띄는 사실은 참여 과학자들의 경험 자료가 그들의 옹호자들이 도출해 내는 것을 여전히 증명하지 못한다는 것이다.(팔켄부르크 2006 참조) 이들은 실험을 통해 도출된 데이터의 작용 범위에 대한 관심보다는 포괄적 결정론이라는 전승된 이론에 더 의존한다. 그러면서 그들은 물리주의를 대변하고 있는데, 그것이 자신들이 작업하고 있는 생명과학에 적합한지 여부는 의심스럽다.(노이바일러 2008 참조)

우리가 한쪽 입장의 논거가 다른 것보다 더 낫다는 것을 알지 못한다면, 순수하게 형식적으로 교착상태라고 부를 수 있는 상황에서 결정론의 지속적인 강변을 어떻게 다루어야 하는가?

르네 데카르트는 『방법서설』(1637)에서 충분한 근거로 증명될 수 있는 방법 절차에 따라 모든 삶의 영역을 관철하는 학문이 최종적으로 유효한 질서를 만들어내기까지의 잠정적 윤리학의 규칙을 수립했다. 이러한 잠정적 윤리학이 권하는 것은 숲에서 길을 잃으면 계속 같은 방향으로 나아가서 최소한 이런 식으로라도 숲에서 빠져나가는, 즉 숲 한가운데 있지 말고 더 나은 곳으로 빠져나가는 여행자처럼 하라는 것이다. "마찬가지로 삶에서 종종 그러하듯 행위를 지체할 수 없을 때가 있다. 이렇게 가장 참된 견해를 인식할 능력이 없을 때는 가장 개연적인 것을 따라야 하는 것이 부정할 수 없는 참된 요구이다. 비록 우리가 어떤 개연성이 다른 개연성보다 낫다는 것을 알지 못한다 하더라도 우리는 어떤 개연성을 결정하고 그에 따라, *그것이 실천에 의미를 갖는 한에 있어서는* 더 이상 의심스러운 것으로 간주하지 말고, 참되고 확실한 것으로 보아야 한다. 왜냐하면 우리를 그렇게 움직인 근거가 참되고 확실하기 때문이다."(데카르트 1637, 41쪽; 저자 강조)

블레즈 파스칼(1623~1662)의 개연성 계산에 기초한 "내기 논증"(약 1660경) 역시 이 같은 잠정적 윤리에 속한다. 즉 내기에서 똑같은 확률의 선택사항 중에서 이길 경우에는 무한한 가능성이 있고 진다 하더라도 잃을 게 없다면, 합리적인 도박꾼이라면 무한성에 내기를 건다.

자유를 둘러싼 논쟁의 현황과 관련해서 이 같은 명백히 지혜로운 삶의 지침은 더 이상 잃을 것이 없다는 성찰을 통해 우리를 얼마나 편하게 해주는가! 만일 결정론의 주장이 참이라면, 우리는 전면적인 결정의 조건 하에서 현실에서 인지하는 가능성과 더불어 우리의 현실을 결정짓는 모든 것을 갖고 있는 셈이다.

어쨌든 이런 결정론의 조건 하에서도 우리는 의지의 자유에 대해 찬반 논증을 교환하고, 새로운 증거를 수용하고, 다른 이들의 반론을 곰곰이 생각하고, 과도한 부분은 배제하고 논쟁에서 상대방을 설득시킬 능력이 없으면 차라리 또 다른 논문을 읽을 수 있다.

이 예는 우리가 완전히 우리 자신이라는 인상을 가져도 무방하다는 것을 보여준다. 즉 이 예는 결정론의 조건 하에서도 마치 참된 자유의 조건 하에서 우리가 사유하는 것과 같이 모든 것을 우리에게 실재하는 것처럼 보아도 무방하다는 것이다. 이렇게 마무리 짓고 나면 마음 편할 수 있는 이유가 충분하지 않은가?

참고 문헌

Adorno, Theodor W. (아도르노): Ästhetische Theorie. (『미학 이론』) In: ders.: Gesammelte Schriften, Bd. 7. Frankfurt/M.: Suhrkamp 1970.

_ / Horkheimer, Max (호르크하이머): Dialektik der Aufklärung. (『계몽의 변증법』) Amsterdam: Querido 1947.

Arendt, Hannah (아렌트): Vita activa oder Vom tätigen Leben. (『활동적 삶』) München-Zürich: Piper 1981.

_ Was ist Politik? Fragmente aus dem Nachlaß. (『정치란 무엇인가? 유고 단편』) Hg. von Ursula Ludz. München-Zürich: Piper 1993.

Aristoteles (아리스토텔레스): Nikomachische Ethik. (『니코마코스 윤리학』) Auf der Grundlage der Übersetzung von Eugen Rolfes hg. von Günther Bien. Hamburg: Meiner 1972 (NE).

_ Eudemische Ethik. (『에우데모스 윤리학』) In: Aristoteles Werke in deutscher Übersetzung, Bd. 7. Übers. und komm. von Franz Dirlmeier. Berlin: Akademie 1984 (EE).

Augustinus (아우구스티누스): De libero arbitrio. (『자유의지론』) Vom freien Willen. Übers. und erläut. von Walter Thimme. Zürich-Stuttgart: Artemis 1962.

Austin, John L. (오스틴): "Falls" und "Können". (「'조건'과 '능력'」) In: Pothast 1978 (1956).

Bayertz, Kurt (바예르츠) (Hg.): Verantwortung-Prinzip oder Problem? (『책임-원칙인가 문제인가?』) Darmstadt: Wissenschaftliche Buchgesellschaft 1995.

Beck, Lewis White (벡): Akteur und Betrachter. Zur Grundlegung einer Handlungstheorie. (『행위자와 관찰자. 행위이론의 기초』) Freiburg/Br.-München: Alber 1976.

Becker, Werner (베커): Freiheit, die wir meinen. (『우리가 의미하는 자유』) München-Zürich: Piper 1982.

Berlin, Isaiah (벌린): Zwei Freiheitsbegriffe. (『자유의 두 가지 개념』) In: ders.: Freiheit. Vier Versuche. Frankfurt/M.: Fischer 1995 (1958).

Bieri, Peter (비에리): Das Handwerk der Freiheit. Über die Entdeckung des eigenen Willens. (『자유의 기술. 자기 의지의 발견』) München-Wien: Hanser 2001.

Birnbacher, Dieter (비른바허) (Hg.): Tun und Unterlassen. (『행위와 무위』) Stuttgart: Reclam 1995.

Blumenberg, Hans (블루멘베르크): Arbeit am Mythos. (『신화 작업』) Frankfurt/M.: Suhrkamp 1979.

_ Die Sorge geht über den Fluβ. (『근심이 강을 건너다』) Frankfurt/M.: Suhrkamp 1987.

_ Beschreibung des Menschen. (『인간의 묘사』) Frankfurt/M.: Suhrkamp 2006.

Bodin, Jean (보댕): Sechs Bücher über den Staat. (『국가에 관한 여섯 권의 책』) Buch Ⅰ-Ⅲ. Hg. von Peter Wimmer und Peter Cornelius Mayer-Tasch. München: Beck 1981 (1576).

Brandt, Reinhard (브란트): Die ermöglichte Freiheit. Sprachkritische Rekonstruktion der Lehre vom unfreien Willen. (『가능해진 자유. 부자유의지에 대한 언어비판적 재구성』) Hannover: Lutherisches Verlagshaus 1992.

Breitmeyer, Bruno (브라이트마이어): Problems with the psychophysics of Intention. (「의도 심리물리학의 문제」) In: The Behavioral and Brain Sciences, Vol. Ⅷ. Cambridge: University 1985.

Bridgeman, Bruce (브리지만): Free will and the functions of consciousness. (「자유의지와 의식의 기능」) In: The Behavioral and Brain Science, Vol. Ⅷ. Cambridge: University 1985.

Cassirer, Ernst (카시러): Individuum und Kosmos in der Philosophie der Renaissance. (「르네상스 철학에서의 개체와 우주」) In: ders.: Gesammelte Werke, Bd. 14. Hg. von Birgit Recki (Hamburger Ausgabe). Hamburg: Meiner 2002 (1927).

_ Die Sprache und der Aufbau der Gegenstandswelt. (「언어와 대상세계의 구성」) In: ders.: Symbol, Technik, Sprache. Aufsätze aus den Jahren 1927-1933. Hg. von Ernst Wolfgang Orth und John Michael Krois. Hamburg: Meiner 1985 (1931).

_ Determinismus und Indeterminismus in der modernen Physik. Historische und systematische Studien zum Kausalproblem. (「현대 물리학에서의 결정론과 비결정론. 인과 문제에 대한 역사적, 체계적 연구」) In: Hamburger Ausgabe, Bd. 19. Hamburg: Meiner 2004 (1936).

_ Versuch über den Menschen. (『인간론』) Einführung in eine Philosophie der Kultur. Frankfurt/M.: Fischer 1990 (1944).

Chisholm, Roderick M. (치솜): Die menschliche Freiheit und das Selbst. (「인간의 자유와 자아」) In: Pothast 1978 (1964).

Danto, Arthur C. (단토): Consciousness and motor control. (「의식과 운동 제이」) In: The Behavioral and Brain Science. Vol. Ⅷ. Cambridge: University 1985.

Davidson, Donald (데이비슨): Handlung und Ereignis. (『행위와 사건』)

Frankfurt/M.: Suhrkamp 1985.
Dennett, Daniel C. (데넷): Ellenbogenfreiheit. Die Wünschenswerten Formen von freiem Willen.(『팔꿈치의 자유. 자유의지의 바람직한 형태』) Frankfurt/M.: Hain 1986.
Descartes, René (데카르트): Discours de la Méthode. (『방법서설』) Von der Methode des richtigen Vernunftgebrauchs und der wissenschaftlichen Forschung. Hamburg: Meiner 1960 (1637).
_ Meditationes de prima philosophia. Meditationen über die Grundlagen der Philosophie. (『제일철학에 대한 성찰』) Hamburg: Meiner 1959 (1641).
Detlefsen, Grischa (데트레프젠): Grenzen der Freiheit－Bedingungen des Handelns－Perspektiven des Schuldprinzips. (『자유의 한계-행위의 조건-책임주의의 전망』) Berlin: Duncker & Humbolt 2006.
Dewey, John (듀이): Kunst als Erfahrung. (『경험으로서의 예술』) Frankfurt/M.: Suhrkamp 1980 (1934).
Erasmus von Rotterdam (에라스무스): De libero arbitrio. (『자유의지론』) Über den freien Willen. In: ders.: Ausgewählte Schriften, Bd. Ⅳ. Hg. von Werner Welzig. Darmstadt: Wissenschaftliche Buchgesellschaft 1969 (1524).
Falkenburg, Brigitte (팔켄부르크): Was heiβt es, determiniert zu sein? Grenzen der naturwissenschaftlichen Erklärung. (『결정되었다는 것은 무엇인가? 자연과학적 설명의 한계』) In: Sturma 2006.
Fichte, Johann Gottlieb (피히테): Zurückforderung der Denkfreiheit von den Fürsten Europens, die sie bisher unterdrückten. (「지금까지 그들을 억압했던 유럽 군주들에게 사유의 자유를 반환할 것을 요청함」) In: Fichtes Werke, Bd. Ⅵ. Hg. von Immanuel Hermann Fichte. Berlin: de Gruyter 1971 (1793).
_ Erste Einleitung in die Wissenschaftslehre. (『지식학 제1 서론』) In: Fichtes Werke, Bd. Ⅰ. Hg. von Immanuel Hermann Fichte. Berlin: de Gruyter 1971 (1797).
Flasch, Kurt (플라쉬): Augustin. Einführung in sein Denken. (『아우구스티누스 사상 입문』) Stuttgart: Reclam 1980.
Frankfurt, Harry (프랑크푸르트): The Importance of what we Care About. (『우리가 신경 쓰는 것의 중요성』) Cambridge: University 1988.
Freud, Sigmund (프로이트): Zur Psychopathologie des Alltagslebens. (『일상생활의 심리병리학』) In: ders.: Gesammelte Werke, Bd. 4. Hg. von Anna Freud u. a. (FGW). London: Lingam 1940 (1901).
_ Vorlesungen zur Einführung in die Psychoanalyse. (『심리분석 입문 강의』) In: FGW, Bd. 13. London: Lingam 1940 (1917).
_ Das Unheimliche. (「섬뜩함」) In: FGW, Bd. 13. Lingam 1940 (1920).

_ Das Ich und das Es. (「자아와 이드」) In: FGW, Bd. 13. London: Lingam 1940 (1923).

_ Das Unbehagen in der Kultur. (「문화 속의 불만」) In: FGW, Bd. 14. London: Lingam 1940 (1929).

Gadamer, Hans-Georg (가다머): Die Aktualität des Schönen. Kunst als Spiel, Symbol und Fest. (『미의 현실성. 유희, 상징 그리고 축제로서의 예술』) Stuttgart: Reclam 1974.

Gerhardt, Volker (게르하르트): Selbstbestimmung. Das Prinzip der Individualität. (「자기규정. 개체성의 원칙」) Stuttgart: Reclam 1999.

_ Partizipation. Das Prinzip der Politik. (「참여. 정치의 원칙」) München: Beck 2007.

_ Leben ist das gröβere Problem. Philosophische Annäherung an eine Naturgeschichte der Freiheit. (「삶은 더 큰 문제다. 자유의 자연사에 대한 철학적 접근」) In: Heilinger 2007.

Geyer, Christian (가이어) (Hg.): Hirnforschung und Willenfreiheit. Zur Deutung der neuesten Experimente. (『뇌 연구와 의지의 자유. 최신 실험의 해석에 대하여』) Frankfurt/M.: Suhrkamp 2004.

Habermas, Jürgen (하버마스): Freiheit und Determinismus. (「자유와 결정론」) In: Deutsche Zeitschrift für Philosophie, 52. Jg., Heft 5, 2004.

Heiden, Uwe an der (하이덴)/ Schneider, Helmut (슈나이더) (Hg.): Hat der Mensch einen freien Willen? Die Antworten der groβen Philosophen. (『인간에게 자유의지가 있는가? 위대한 철학자들의 답변』) Stuttgart: Reclam 2007.

Heilinger, Jan-Christoph (하이링어) (Hg.): Naturgeschichte der Freiheit. (『자유의 자연사』) Berlin-New York: de Gruyter 2007.

Heisenberg, Martin (하이젠베르크): Naturalisierung der Freiheit aus Sicht der Verhaltensforschung. (「행동연구 관점에서 본 자유의 자연화」) In: Heilinger 2007.

Hobbes, Thomas (홉스): Leviathan oder Stoff, Form und Gewalt eines bürgerlichen und kirchlichen Staates. (『리바이어던』) Hg. von Iring Fetscher. Darmstadt-Neuwied: Luchterhand 1976 (1651).

Holbach, Paul Henri Thirty d' (올바크): System der Natur. (『자연의 체계』) Berlin: Aufbau 1960 (1770).

Höffe, Otfried (회페): Freiheit und kategorischer Imperativ. Kants Moralphilosophie auf dem prüfstand der Hirnforschung. (「자유와 정언명령. 뇌 연구의 시험대에 오른 칸트의 도덕철학」) In: Recki/Meyer/Ahl 2006.

Hume, David (흄): Enquiries concerning the Human Understanding and concerning the Principles of Morals. (『인간 지성에 대한 탐구』) Hg. von L.A. Selby-Bigge. Oxford: Clarendon 1902 (1748).

Jonas, Hans (요나스): Das Prinzip Leben. Ansätze zu einer philosophischen Biologie. (『삶이라는 원칙. 철학적 생물학 단초』) Frankfurt/M.: Insel 1994 (1973).

_ Das Prinzip Verantwortung. Versuch einer Ethik für die technologische Zivilisation. (『책임 원칙. 기술시대 윤리 시론』) Frankfurt/M.: Insel 1979.

Jordan, Pascual (요르단): Wie frei sind wir? Naturgesetze und Zufall. (『우리는 얼마나 자유로운가? 자연법칙과 우연』) Osnabrück: Fromm 1971.

Kandinsky, Wassily (칸딘스키): Über das Geistige in der Kunst. (『예술에서의 정신적인 것에 대하여』) Bern: Benteli 1965 (1912).

Kant, Immanuel (칸트): Eine Vorlesung über Ethik. (『윤리학 강의』) Hg. von Gerd Gerhardt. Frankfurt/M.: Fischer 1990 (1775/85).

_ Metaphysik Pölitz. (『푈리츠 형이상학』) In: Kant's gesammelte Schriften, Bd. XXVIII/I. Hg. von der Preußischen Akademie der Wissenschaften (Akademie-Ausgabe). Berlin: de Gruyter 1968 (1779/80).

_ Kritik der reinen Vernunft. (『순수이성비판』) In: Akademie-Ausgabe, Bd. III. Berlin: de Gruyter 1968 (1781/87).

_ Idee zu einer allgemeinen Geschichte in weltbürgerlicher Absicht. (『세계시민적 견지에서 본 일반사의 이념』) In: Akademie-Ausgabe, Bd. VIII. Berlin: de Gruyter 1968 (1784).

_ Grundlegung zur Metaphysik der Sitten. (『도덕 형이상학의 기초』) In: Akademie-Ausgabe, Bd. IV. Berlin: de Gruyter 1968 (1785).

_ Kritik der praktischen Vernunft. (『실천이성비판』) In: Akademie-Ausgabe, Bd. V. Berlin: de Gruyter 1968 (1788).

_ Kritik der Urtheilskraft. (『판단력 비판』) In: Akademie-Ausgabe, Bd. V. Berlin: de Gruyter 1968 (1790).

_ Die Religion innerhalb der Grenzen der bloßen Vernunft. (『순전한 이성의 한계 내에서의 종교』) In: Akademie-Ausgabe, Bd. VI. Berlin: de Gruyter 1969 (1793).

_ Zum ewigen Frieden. (『영구 평화론』) In: Akademie-Ausgabe, Bd. VIII. Berlin: de Gruyter 1968 (1795).

_ Die Metaphysik der Sitten. (『도덕 형이상학』) In: Akademie-Ausgabe, Bd. VI. Berlin: de Gruyter 1969 (1796).

Keil, Geert (카일): Willensfreiheit. (『의지의 자유』) Berlin-New York: de Gruyter 2007.

Klee, Paul (클레): Schöpferische Konfession. (「창작 고백」) In: ders.: Kunst-Lehre. Aufsätze, Vorträge, Rezensionen und Beiträge zur bildnerischen Formlehre. Leipzig: Reclam 1991 (1920).

Kornhuber, Hans Helmut (코른후버)/ Deecke, Lüder (데케): Hirnpotentialänderungen bei Willkürbewegungen und passive Bewegungen des Menschen: Bereitschaftspotential und reafferente Potentiale. (「자발적 운동에 있어 뇌잠재력 변화의 인간의 수동적 운동. 준비잠재력과 재구심성 잠재력」) In: Pflügers Archiv für die gesamte Physiologie des Menschen und der Tiere, Bd. 284. Berlin-Heidelberg-New York: Springer 1965.

_ Wille und Gehirn. (『의지와 뇌』) Bielefeld-Locarno: Aisthesis 2007.

Krings, Hermann (크링스): Freiheit. (「자유」) In: Handbuch philosophischer Grundbegriffe, Bd. 2. Hg. von Hermann Krings, Hans Michael Baumgartner und Christoph Wild. München: Kösel 1973.

Lenk, Hans (렌크)/ Maring, Matthias (마링): Verantwortung - Normatives Interpretationskonstrukt und empirische Beschreibung. (「책임 - 규범적 해석구조와 경험적 기술」) In: Lutz H. Eckenberger/ Gähde, Ulrich (Hg.): Ethische Norm und empirische hypotheses. Frankfurt/M.: Suhrkamp 1993.

Libet, Benjamin (리벳): Unconscious cerebral intiative and the role of conscious will in voluntary action. (「자발적 행위에 있어서 무의식적인 뇌의 주도와 의식의 역할」) In: The Behavioral and Brain Sciences, Vol. Ⅷ. Cambridge: University 1985.

_ Mind Time. Wie das Gehirn Bewusstsein produziert. (『마음 시간. 뇌는 의식을 어떻게 산출하는가』) Frankfurt/M.: Suhrkamp 2005.

Liessmann, Konrad Paul (리스만): Karl Marx 1818-1989. Man stirbt nur zweimal. (『인간은 두 번 죽을 뿐이다』) Wien: Sonderzahl 1992.

_ (Hg.): Die Freiheit des Denkens (『사고의 자유』) (Philosophicum Lech, Bd. 10). Wien: Zsolnay 2007.

Locke, John (로크): An Essay concerning Human Understanding. (『인간 지성에 대한 시론』) Vol. Ⅰ. Hg. von John W. Yolton. London-New York: Dutton 1965.

Luther, Martin (루터): De servo arbitrio. (『노예의지론』) Daβ der freie Wille nichts sei. In: ders: Ausgewählte Werke, Erg.-Bd. 1. Hg. von Hans H. Borcherdt und Georg Merz. München: Kaiser 1975 (1525).

_ Von der Freiheit eines Christenmenschen. (『그리스도인의 자유』) In: ders.: Ausgewählte Schriften, Bd. 1. Hg. von Karin Bornkamp und Gerhard Ebeling. Frankfurt/M.: Insel 1982 (1520).

Manifest, Das (마니페스트): Elf führende Neurowissenschaftler über Gegenwart und Zukunft der Hirnforschung. (「주요 신경과학자 11인이 현재와 미래에 대해 말하다」) In: Gehirn und Geist, Nr. 6, 2004.

Marx, Karl (마르크스): Verhandlungen des 6. rheinischen Landtages (von einem Rheinländer). Erster Artikel: Debatten über Preβfreiheit und

Publikation. (「제6차 라인주 의회 의사록 (라인란트인 채록). 제1 논설. 언론의 자유와 주 의사록 공표에 대한 토론」) In: ders./ Engels, Friedrich: Werke, Bd. 3. Hg. vom Institut für Marxismus-Leninismus beim ZK der SED (MEW). Berlin: Dietz 1969 (1842).

__ Verhandlungen des 6. rheinischen Landtages (von einem Rheinländer). Dritter Artikel: Debatten über das Holzdiebstahlsgesetz. (「제6차 라인주 의회 의사록 (라인란트인 채록). 제3 논설. 삼림도벌법에 대한 토론」) In: MEW, Bd. 3. Berlin: Dietz 1969 (1842).

__ Thesen über Feuerbach (Ad Feuerbach). (「포이어바흐에 관한 테제」) In: MEW, Bd. 3. Berlin: Dietz 1969 (1845).

__ / Engels, Friedrich (엥겔스): Die Deutsche Ideologie. (『독일 이데올로기』) In: MEW, Bd. 3. Berlin: Dietz 1969 (1845/46).

Merkel, Reinhard (메르켈): Willensfreiheit und rechtliche Schuld. Eine strafrechtsphilosophische Untersuchung. (『의지의 자유와 법적 책무. 형법 철학적 연구』) Baden-Baden: Nomos 2008.

Mill, John Stuart (밀): Über die Freiheit. (『자유론』) Stuttgart: Reclam 1988 (1859).

Moore, George Edward (무어): Freier Wille. (「자유의지」) In: Pothast 1978 (1912).

Neuweiler, Gerhard (노이바일러): Und wir sind es doch – die Krone der Evolution. (『그리고 사실 우리가 진화의 정점이다』) Berlin: Wagenbach 2008.

Nida-Rümelin, Julian (니다-뤼멜린): Über menschliche Freiheit. (『인간의 자유』) Stuttgart: Reclam 2005.

Nietzsche, Friedrich (니체): Menschliches, Allzumenschliches. (『인간적인, 너무나 인간적인』) In: ders.: Sämtliche Werke. Kritische Studienausgabe, Bd. 2. Hg. von Giorgio Colli und Mazzino Montinari (KSA). München-Berlin-New York: dtv/de Gruyter 1980 (1878/86).

__ Also sprach Zarathustra. (『차라투스트라는 이렇게 말했다』) In: KSA, Bd. 4. München-Berlin-New York: dtv/de Gruyter 1980 (1883/84).

__ Jenseits von Gut und Böse. (『선악의 피안』) In: KSA, Bd. 5. München-Berlin-New York: dtv/de Gruyter 1980 (1886a).

__ Zur Genealogie der Moral. (『도덕의 계보학』) In: KSA, Bd. 5. München-Berlin-New York: dtv/de Gruyter 1980 (1887).

__ Götzen-Dämmerung. (『우상의 황혼』) In: KSA, Bd. 6. München-Berlin-New York: dtv/de Gruyter 1980 (1889).

Pascal, Blaise (파스칼): Über die Religion und über einige andere Gegenstände. (『종교와 몇 가지 다른 대상에 대하여』) Heidelberg: Lambert Schneider 1978 (ca. 1660).

Pauen, Michael (파우엔): Illusion Freiheit? Mögliche und unmögliche Konsequenzen der Hirnforschung. (『자유는 환상인가? 뇌 연구의 가능한 그리고 불가능한 결과들』) Frankfurt/M.: Fischer 2004.

Pico della Mirandola, Giovanni (피코 델라 미란돌라): De dignitate hominis. Von der Würde des Menschen. (『인간의 존엄에 대하여』) Eingel. von Eugenio Garin. Bad Homburg-Berlin-Zürich: Gehlen 1968 (1486).

Planck, Max (플랑크): Vom Wesen der Willensfreiheit. (「의지의 자유의 본질」) In: Pothast 1978 (1936).

Platon (플라톤): Politeia. (『국가』) In: ders.: Werke, Bd. 4. Hg. von Gunther Eigler. Darmstadt: Wissenschaftliche Buchgesellschaft 1971.

_ Kriton. (『크리톤』) In: ders.: Werke, Bd. 2. Hg. von Gunther Eigler. Darmstadt: Wissenschaftliche Buchgesellschaft 1973.

_ Nomoi. (『법률』) In: ders.: Werke, Bd. 8. Hg. von Gunther Eigler. Darmstadt: Wissenschaftliche Buchgesellschaft 1977.

Plessner, Helmuth (플레스너): Die Stufen des Organischen und der Mensch. (「유기체의 단계와 인간」) In: ders.: Gesammelte Schriften, Bd. Ⅳ. Hg. von Günter Dux u. a. Frankfurt/M.: Suhrkamp 1981 (1928).

Pothast, Ulrich (포타스트) (Hg.): Seminar: Freies Handeln und Determinismus. (『세미나. 자유 행위와 결정론』) Frankfurt/M.: Suhrkamp 1978.

_ Die Unzulänglichkeit der Freiheitbeweise. Zu einigen Lehrstücken aus der neueren Geschichte von Philosophie und Recht. (『자유 증명의 불충분성. 철학과 법의 최근 역사로부터의 몇 가지 교훈』) Frankfurt/M.: Suhrkamp 1987.

Recki, Birgit (레키): Aura und Autonomie. Zur Subjektivität der Kunst bei Walter Benjamin und Theodor W. Adorno. (『아우라와 자율성. 발터 베냐민과 테오도어 아도르노의 예술 주관성』) Würzburg: Königshausen & Neumann 1988.

_ Kultur als Praxis. Eine Einführung in Ernst Cassirers Philosophie der symbolischen Formen. (『에른스트 카시러의 상징형식 철학 입문』) Berlin: Akademie 2004.

_ Die Vernunft, ihre Natur, ihr Gefühl und der Fortschritt. Aufsätze zu Immanuel Kant. (『이성, 그 본질, 그 감정 그리고 진보. 임마누엘 칸트에 대한 글』) Paderborn: mentis 2006.

_ Mitleid ohne Freiheit? Überlegungen zu Kant und Schopenhauer. (「자유 없는 동정? 칸트와 쇼펜하우어에 대한 성찰」) In: Hühn, Lore (Hg.): Die Ethik Arthur Schopenhauers im Ausgang vom Deutschen Idealismus (Fichte/Schelling). Würzburg: Ergon 2006.

__ / Meyer, Sven (마이어)/ Ahl, Ingmar (알) (Hg.): Kant lebt. Sieben Reden und ein Kolloquium zum 200. Todestag des Aufklärers. (『칸트는 살아 있다. 계몽주의자 서거 200주년 콜로키엄과 일곱 개의 연설』) Paderborn: mentis 2006.

__ Entspannte Intensität und belebender Schock. Eine kleine Phänomenologie der Freiheit in der Kunst. (「완화된 강렬함과 생생한 쇼크. 예술에서의 자유에 대한 작은 현상학」) In: Liessmann 2007.

__ Kulturbejahung und Kulturverneinung. (「문화 긍정과 문화 부정」) In: Wetz, Franz Josef (Hg.): Ethik zwischen Kultur- und Naturwissenschaft (Kolleg Praktische Philosophie, Bd. 1). Stuttgart: Reclam 2008.

Reemtsma, Jan Philipp (렘츠마): Das Scheinproblem "Willensfreiheit". Ein Plädoyer für das Ende einer überflüssigen Debatte. (「사이비 문제 '의지의 자유'. 불필요한 논쟁의 종식을 위한 변론」) In: Merkur. Deutsche Zeitschrift für europäisches Denken, 60. Jg., Heft 3, 2006.

Rohs, Peter (로스): Feld-Zeit-Ich. Entwurf einer feldtheoretischen Transzendental-philosophie. (『장場-시간-자아. 장이론적 초월 철학의 구상』) Frankfurt/M.: Klostermann 1996.

__ Libertarische Freiheit. (「자유주의적 자유」) In: Mischer, Sybille/Quante, Michael/Suhm, Christian (Hg.): Auf Freigang. Metaphysische und ethische Annäherungen an die menschliche Freiheit. Münster: LIT 2003.

__ Ein Plädoyer für Freiheit. Univeröffentl. Manuskript. (「자유를 위한 변론. 미발표 원고」) Vortrag vom 18. 10. 2007.

Rösler, Frank (뢰슬러): Was verraten die Libet-Experimente über den "freien Willen"? - Leider nicht sehr viel. (「'자유의지'에 대한 리벳의 실험은 무엇을 밝혀주는가? - 유감스럽게도 별로 없다」) In: Lampe, Ernst-Joachim/Pauen, Michael/Roth, Gerhard (Hg.): Willensfreiheit und rechtliche Ordnung. Frankfurt/M.: Suhrkamp 2008.

Roth, Gerhard (로트): Das Gehirn und seine Wirklichkeit. Neurobiologische Forschungen und ihre philosophischen Konsequenzen. (『뇌와 그 현실. 신경생물학 연구와 그 철학적 결과』) Frankfurt/M.: Suhrkamp 2002.

__ Fühlen, Denken, Handeln. Wie das Gehirn unser Verhalten steuert. (『느낌, 생각, 행동. 뇌는 우리의 행동을 어떻게 조정하는가』) Frankfurt/M.: Suhrkamp 2003.

__ Evolution das Gehirns - Evolution der Freiheit. (「뇌의 진화 - 자유의 진화」) In: Heilinger 2007.

Rousseau, Jean-Jacques (루소): Vom Gesellschaftsvertrag oder Grundsätze des Staatsrechts. (『사회계약론』) Stuttgart: Reclam 1977 (1762).

Roxin, Claus (록신): Strafrecht. Allgemeiner Teil, Bd. 1 (『형법. 총론. 1권』) (Grundlagen. Der Aufbau der Verbrechenslehre). München: Beck 1994.

Schiller, Friedrich (실러): Über die ästhetische Erziehung des Menschen. (『인간의 미적 교육에 대하여』) Stuttgart: Reclam 1965 (1795).

Schopenhauer, Arthur (쇼펜하우어): Preisschrift über die Freiheit des Willens. (「의지의 자유에 대한 공모 당선작」) In: ders.: Werke, Bd. III. Hg. von Ludger Lütkehaus. Zürich: Haffmans 1988 (1839).

Searle, John R. (설): Geist, Hirn und Wissenschaft. (『정신, 뇌 그리고 과학』) Frankfurt/M.: Suhrkamp 1986.

__ Freiheit und Neurobiologie. (『자유와 신경생물학』) Frankfurt/M.: Suhrkamp 2004.

Seebaβ, Gottfried (제바스): Handlung und Freiheit. Philosophische Aufsätze. (『행위와 자유』) Tübingen: Mohr Siebeck 2006.

Singer, Wolf (싱어): Der Beobachter im Gehirn. Essays zur Hirnforschung. (『뇌 속의 관찰자. 뇌 연구 소론』) Frankfurt/M.: Suhrkamp 2002.

__ Ein neus Menschenbild? Gespräche über Hirnforschung. (『새로운 인간상? 뇌 연구에 대한 대담』) Frankfurt/M.: Suhrkamp 2003.

__ Zum Problem der Willensfreiheit. (『의지의 자유의 문제』) In: Liessmann 2007.

Spaemann, Robert, u. a. (슈페만): Freiheit. (「자유」) In: Historisches Wörterbuch der Philosophie, Bd. 2. Basel-Stuttgart: Schwabe & Co. 1972.

Steinvorth, Ulrich (슈타인포르트): Freiheitstheorien in der Philosophie der Neuzeit. (『근대철학의 자유이론』) Darmstadt: Wissenschaftliche Buchgesellschaft 1987.

__ Gleiche Freiheit. Politische Philosophie und Verteilungsgerechtigkeit. (『평등한 자유. 정치철학과 분배정의』) Berlin: Akademie 1999.

Strawson, Peter F. (스트로슨): Freiheit und Übelnehmen. (「자유와 증오」) In: Pothast 1978 (1962).

Sturma, Dieter (슈투르마): Freiheit. (「자유」) In: Sandkühler, Hans Jörg (Hg.): Enzyklopädie Philosophie, Bd. 1. Hamburg: Meiner 1999.

__ (Hg.): Philosophie und Neurowissenschaften. (『철학과 신경과학』) Frankfurt/M.: Suhrkamp 2006.

Suhm, Christian (줌): Machen Quantensprünge frei? Zum Zusammenhang von Kausal-und Freiheitsproblem in der Quantentheori. (「양자의 비약이 자유롭게 하는가? 양자 이론에서의 인과 문제와 자유의 문제의 관계」) In: Willaschek, Marcus (Hg.): Feld-Zeit-Kritik. Die feldtheoretische Transzendental-philosophie von Peter Rohs in der Diskussion Münster:

LIT 1997.
_ Anomaler Interaktionismus. (「비정상적 상호작용」) In: Mischer, Sybille/ Quante, Michael/ Suhm, Christian (Hg.): Auf Freigang. Metaphysische und ethische Annäherungen an die menschliche Freiheit. Münster: LIT 2003.

Timmermann, Jens (팀머만): Sittengesetz und Freiheit. (『도덕률과 자유』) Berlin-New York: de Gruyter 2003.

Tugendhat, Ernst (투겐트하트): Philosophische Aufsätze. (『철학적 소고』) Frankfurt/M.: Suhrkamp 1992.

_ Willensfreiheit und Determinismus. (「의지의 자유와 결정론」) In: Liessmann 2007.

Updike, John (업다이크): Der weite Weg zu zweit. Szenen einer Liebe. Reinbek bei Hamburg. (『가기에는 너무 먼』) Rowohlt 1982 (1956).

Weber, Max (베버): Politik als Beruf. (「직업으로서의 정치」) In: Ders.: Gesammelte Politische Schriften. Hg. von Johannes Winckelmann. Tübingen: Mohr 1980.

Willaschek, Marcus (빌라셰크): DNS: Doch nicht schuldig? Zum Zusammenhang zwischen genetischer Disposition und persönlicher Verantwortung. (「디지털 신경체계. 잘못이 있지 않은가? 유전적 성질과 개인 책임의 관계」) In: Jahrbuch für Wissenschaft und Ethik, Bd. 7. Berlin-New York: de Gruyter 2002.

_ Der freie Wille. Eine Tatsache des Praktischen Lebens. (「자유의지. 실천적 삶의 사실」) In: Forschung Frankfurt. Das Wissenschaftsmagazin, 4/2005.

_ / Singer, Wolf (싱어): Die Welt jenseits des Oszillografen. Ein Streitgespräch. (「진동기록 너머의 세계. 논쟁」) In: Forschung Frankfurt. Das Wissenschaftsmagazin, 4/2005.

_ Freiheit und Vernunft. Weshalb der Inkompatibilismus auf einer absolutistischen Konzeption von Vernunft beruht. (「자유와 이성. 양립불가주의가 이성의 절대적인 구상에 기반을 두는 이유」) In: Philosophisches Jahrbuch der Görresellschaft, 115. Jg., 2. Halbband. Freiburg/Br.-München: Alber 2008.

인명 색인

ㄱ

가다머, 한스-게오르크 Gadamer, Hans-Georg 145
가이어, 크리스티안 Geyer, Christian 11, 62~65, 68
게르하르트, 폴커 Gerhardt, Volker 94~96, 119, 140

ㄴ

니다-뤼멜린, 율리안 Nida-Rümelin, Julian 66~68, 71, 92, 105, 116
니체, 프리드리히 Nietzsche, Friedrich 27, 41, 50~56, 95, 118, 144

ㄷ

단테, 알리기에리 Dante, Alighieri 135
단토, 아서 Danto, Arthur C. 64
데카르트, 르네 Descartes, René 100, 106, 109, 152
데케, 뤼더 Deecke, Lüder 61
데트레프젠, 그리샤 Detlefsen, Grischa 51, 120
듀이, 존 Dewey, John 145
딜타이, 빌헬름 Dilthey, Wilhelm 34

ㄹ

레키, 비르기트 Recki, Birgit 67, 147
렌크, 한스 Lenk, Hans 119
렘츠마, 얀 Reemtsma, Jan P. 47
로스, 페터 Rohs, Peter 74, 87
로크, 존 Locke, John 99, 100, 136
로트, 게르하르트 Roth, Gerhard 62, 71
록신, 클라우스 Roxin, Claus 120
뢰슬러, 프랑크 Rösler, Frank 64
루소, 장-자크 Rousseau, Jean-Jacques 41, 136
루터, 마르틴 Luther, Martin 27, 34, 35, 37~40
리벳, 벤자민 Libet, Benjamin 11, 27, 61~67, 71
리스만, 콘라트 Liessmann, Konrad P. 136
릴번, 존 Lilburne, John 136

ㅁ

마르실리우스 Marsilius von Padua 135
마르크스, 칼 Marx, Karl 27, 41~45
마링, 마티아스 Maring, Matthias 119
마키아벨리, 니콜로 Machiavelli, Niccolò 135
메르켈, 라인하르트 Merkel, Reinhard 51, 64, 69, 71, 120, 121
무어, 조지 Moore, George E. 86
무질, 로베르트 Musil, Robert 108
밀, 존 스튜어트 Mill, John Stuart 138~141
밀톤, 존 Milton, John 136

ㅂ

바예르츠, 쿠르트 Bayertz, Kurt 119

벌린, 이사야 Berlin, Isaiah 140, 141
베버, 막스 Weber, Max 118
벨치히, 베르너 Welzig, Werner 35
보댕, 장 Bodin, Jean 136
브라이트마이어, 브루노 Breitmeyer, Bruno 65
브리지만, 브루스 Bridgeman, Bruce 65
블루멘베르크, 한스 Blumenberg, Hans 131~133
비른바허, 디터 Birnbacher, Dieter 104
비에리, 페터 Bieri, Peter 33, 101
빌라셰크, 마르쿠스 Willaschek, Marcus 67, 71, 89, 90

ㅅ

설, 존 Searle, John R. 72
셰익스피어, 윌리엄 Shakespeare, William 14
셸링, 프리드리히 Schelling, Friedrich W. J. 144
소크라테스 Sokrates 135
쇼펜하우어, 아르투어 Schopenhauer, Arthur 27, 45~50, 84, 100, 106
슈나이더, 헬무트 Schneider, Helmut 22
슈타인포르트, 울리히 Steinvorth, Ulrich 84
슈투르마, 디터 Sturma, Dieter 66, 92
스트로슨, 피터 Strawson, Peter F. 81, 90, 91
실러, 프리드리히 Schiller, Friedrich 15, 142, 144, 146
싱어, 볼프 Singer, Wolf 11, 62, 69, 71, 97

ㅇ

아도르노, 테오도어 Adorno, Theodor W. 10, 143, 144
아렌트, 한나 Arendt, Hannah 21, 134
아리스토텔레스 Aristoteles 84, 88, 113, 117, 118, 135
아우구스티누스, 아우렐리우스 Augustinus, Aurelius 27~34, 36, 38, 108, 123, 124
업다이크, 존 Updike, John 11
에라스무스 Erasmus von Rotterdam 28, 34~37, 39, 70, 135
에클스, 존 Eccles, John C. 62
엥겔스, 프리드리히 Engels, Friedrich 42, 43
예단, 크리스토프 Jedan, Christoph 22
오스틴, 존 Austin, John L. 86
올바크, 폴 Holbach, Paul H. T. d' 74
요나스, 한스 Jonas, Hans 119, 130
요르단, 파스쿠알 Jordan, Pascual 87

ㅈ

제바스, 고트프리트 Seebaß, Gottfried 92
줌, 크리스티안 Suhm, Christian 87
짐멜, 게오르크 Simmel, Georg 144

ㅊ

치솜, 로데릭 Chisholm, Roderick M. 84, 111

ㅋ

카시러, 에른스트 Cassirer, Ernst 87, 127, 129~131, 133, 144, 146
카일, 게르트 Keil, Geert 92, 93

칸딘스키, 바실리 Kandinsky, Wassily 143
칸트, 임마누엘 Kant, Immanuel 9, 23, 73~94, 101~111, 113, 115, 116, 118, 127~129, 133, 134, 137, 138, 144, 146
코른후버, 한스 Kornhuber, Hans H. 61
클레, 파울 Klee, Paul 142
키케로, 마르쿠스 툴리우스 Cicero, Marcus Tullius 135

ㅌ

토크빌, 알렉시스 드 Tocqueville, Alexis de 140
투겐트하트, 에른스트 Tugendhat, Ernst 102, 104, 107
팀머만, 옌스 Timmermann, Jens 115

ㅍ

파스칼, 블레즈 Pascal, Blaise 152
파우엔, 미하엘 Pauen, Michael 64, 88, 89, 120
팔켄부르크, 브리기테 Falkenburg, Brigitte 66, 92, 151
포르쉬너, 막스밀리안 Forschner, Maxmilian 22
포이어바흐, 루드비히 Feuerbach, Ludwig 44
포타스트, 울리히 Pothast, Ulrich 84, 120
프랑크푸르트, 해리 Frankfurt, Harry 34
프레데, 도로테아 Frede, Dorothea 22
프로이트, 지그문트 Freud, Sigmund 28, 56~60
플라톤 Platon 125, 134, 135
플랑크, 막스 Planck, Max 82, 87, 88
플레스너, 헬무트 Plessner, Helmuth 96, 107
피코 델라 미란돌라, 조반니 Pico della Mirandola, Giovanni 123~125, 133
피히테, 요한 Fichte, Johann G. 109~112

ㅎ

하버마스, 위르겐 Habermas, Jürgen 21, 64, 65, 72, 91, 96, 97
하이덴, 우베 안 데어 Heiden, Uwe an der 22
하이링어, 얀-크리스토프 Heilinger, Jan-Christoph 20, 96
하이젠베르크, 마틴 Heisenberg, Martin 20, 96
해링톤, 제임스 Harrington, James 136
헤겔, 게오르크 Hegel, Georg F. W. 144
헬름리히, 헤르베르트 Helmrich, Herbert 63
호르크하이머, 막스 Horkheimer, Max 10
호센펠더, 말테 Hossenfelder, Malte 22
홉스, 토마스 Hobbes, Thomas 136
회페, 오트프리트 Höffe, Otfried 64, 67, 112, 113
흄, 데이비드 Hume, David 99, 100